民事訴訟の理論と実務
【第二版】

東京簡易裁判所判事 三 好 一 幸 著

司 法 協 会

初 版 は し が き

　本書は，民事訴訟手続に関する概説書である。訴訟法と規則を関連させ，簡潔な解説を加え，根拠となる最高裁判例を掲げるというスタイルは，これまでに執筆した刑事訴訟手続に関する3冊（略式手続，刑事公判，令状審査）と同様である。民事訴訟法の基本書では詳細に記述されることのない釈明権，主張自体失当，書証の取扱い，弁論の全趣旨等については，本書では詳しく記述をしている。

　なお，本書の原稿の段階で，今井功先生（元最高裁判所判事・弁護士）に，御多忙中にもかかわらず目を通していただき，貴重な御指摘をいただきました。ここに御礼申し上げます。

　　　平成27年7月　　　　　　　　　　　　　　　　　　　三　好　一　幸

第 二 版 は し が き

　民事訴訟法等の一部を改正する法律（令和4年法律第48号）が，令和4年5月25日に公布され，原則として公布の日から起算して4年を超えない範囲内において政令で定める日から施行されることとなりました。同改正法には，先行して施行される部分もあるため（当事者の住所及び氏名の秘匿制度，ウェブ会議による和解期日や弁論準備手続期日への参加等），第二版では，民事訴訟手続の全体について概説をした上で，民事訴訟制度のIT化を中心として，同改正法についても記述を加えることとしました。

　　　令和5年3月　　　　　　　　　　　　　　　　　　　　三　好　一　幸

目　　　次

文献，判例凡例

民録	大審院民事判決録
民集	大審院民事判例集，最高裁判所民事判例集
刑集	最高裁判所刑事判例集
裁判集民	最高裁判所裁判集民事
高民集	高等裁判所民事判例集
東高民時報	東京高等裁判所民事判決時報
下民集	下級裁判所民事裁判例集
交民集	交通事故民事裁判例集
判例解説	最高裁判所判例解説民事篇
判時	判例時報
判タ	判例タイムズ
金融法務	金融法務事情
金融商事	金融・商事判例
手引	10訂民事判決書起案の手引（司法研修所，平成18年）
条解規則	条解民事訴訟規則（最高裁判所事務総局，司法協会）
コンメ民訴	コンメンタール民事訴訟法（日本評論社）
法	民事訴訟法
改正法	民事訴訟法等の一部を改正する法律（令和4年法律第48号）による改正後の民事訴訟法
規則	民事訴訟規則

第1章　民事訴訟の原則

第1　民事訴訟法の通則
1　民事訴訟法の趣旨

> 　民事訴訟に関する手続については，他の法令に定めるもののほか，この法律の定めるところによる。　　　　　　　　　　　　　　　（法1条）

2　裁判所及び当事者の責務

> 　裁判所は，民事訴訟が公正かつ迅速に行われるように努め，当事者は，信義に従い誠実に民事訴訟を追行しなければならない。　　　　　　（法2条）

3　最高裁判所規則

> 　この法律に定めるもののほか，民事訴訟に関する手続に関し必要な事項は，最高裁判所規則で定める。　　　　　　　　　　　　　　　（法3条）

第2　訴権
1　訴権の意義
　訴権とは，私人が裁判所に訴えを提起して判決を求めうる権利である。
2　訴権の法的性質
　訴権とは本案判決を求める権利であるとする本案判決請求権説（紛争解決請求権説）が，通説的見解とされている。
3　訴権の濫用
　訴えの提起が権利の濫用となる場合は，**訴権の濫用**として訴えが却下されることがある。

【判例①】有限会社の経営の実権を握っていた者が，第三者に対し自己の社員持分全部を相当の代償を受けて譲渡し，会社の経営を事実上右第三者に委ね，その後相当期間を経過しており，しかも右譲渡の当時社員総会を開いて承認を受けることがきわめて容易であったなど，判示の事実関係のもとにおいて，右譲渡人が右社員持分譲渡を承認する社員総会決議及びこれを前提とする役員選任等に関する社員総会決議の不存在確認を求める訴を提起するのは，訴権の濫用として許されない。（最1小判昭53・7・10民集32巻5号888頁，判時903号89頁，判タ370号66頁）

東京高判平13・1・31（判タ1080号220頁）は，「訴えが，もっぱら相手方当事者を被告の立場に置き，審理に対応することを余儀なくさせることにより，訴訟上又は訴訟外において相手方当事者を困惑させることを目的とし，あるいは訴訟が係属，審理されていること自体を社会的に誇示することにより，相手方当事者に対し，有形・無形の不利益・負担若しくは打撃を与えることを目的として提起されたものであり，右訴訟を維持することが民事訴訟制度の趣旨・目的に照らして著しく相当性を欠き，信義に反すると認められた場合には，訴えの提起は訴権を濫用する不適法なものとして，却下を免れない。」としている。

第3　当事者主義

1　当事者主義

当事者主義とは，その事項について，当事者が権限と責任を有し，裁判所は，当事者の訴訟行為に拘束される原則をいう。

2　職権主義

職権主義とは，その事項について，裁判所が権限と責任を有し，当事者は，裁判所の訴訟行為に拘束される原則をいう。

第4　弁論主義

1　弁論主義の意義

弁論主義とは，裁判の基礎となる事実と証拠の収集・提出を当事者の権限及び責任とする原則である。（後記第3章第5の1，69頁）

2　職権探知主義

職権探知主義とは，事実の確定に必要な資料の探索を裁判所の職責とする原則である。

第5　口頭主義

口頭主義とは，訴訟資料を口頭で裁判所に提供し，裁判所がこれに基づいて審判をすべきものとする原則をいう。

1　必要的口頭弁論と任意的口頭弁論

> 当事者は，訴訟について，裁判所において口頭弁論をしなければならない。ただし，決定で完結すべき事件については，裁判所が，口頭弁論をすべきか否かを定める。　　　　　　　　　　　　　　　　　　　　（法87条1項）

2　審尋

　前項ただし書の規定により口頭弁論をしない場合には，裁判所は，当事者を審尋することができる。　　　　　　　　　　　　　　　（同条2項）

3　特別の定め

　前2項の規定は，特別の定めがある場合には，適用しない。　　（同条3項）

第6　直接主義
1　直接主義
　直接主義（直接審理主義）とは，判決をする裁判官が，自ら当事者の弁論を聴取し，証拠調べをする原則をいう。

　判決は，その基本となる口頭弁論に関与した裁判官がする。（法249条1項）

2　弁論手続の更新
(1)　弁論の更新
　弁論の更新とは，審理の途中で裁判官が交代した場合に，直接主義の要請を満たすために，裁判所が，当事者に従前の口頭弁論の結果を陳述させることである。

　裁判官が代わった場合には，当事者は，従前の口頭弁論の結果を陳述しなければならない。　　　　　　　　　　　　　　　　　　　（同条2項）

(2)　弁論の更新手続
　口頭弁論の更新手続については，実務上「従前の口頭弁論の結果を陳述する。」と述べる形式のものが多い。
(3)　一方の当事者の欠席と更新手続
　従前の口頭弁論の結果の陳述は，当事者双方でなされるのが一般的であるが，当事者の一方が欠席した場合には，出頭した当事者だけで，双方に係る口頭弁論の結果を陳述させることができる。
【判例②】裁判官の更迭があった場合，当事者の一方が口頭弁論期日に欠席したときは，裁判長は出頭した当事者に，当事者双方に係る従前の口頭弁論の結果を陳述させることができる。（最2小判昭31・4・13民集10巻4号388頁，判タ57号39頁）

3　必要的再尋問

　　単独の裁判官が代わった場合又は合議体の裁判官の過半数が代わった場合において，その前に尋問をした証人について，当事者が更に尋問の申出をしたときは，裁判所は，その尋問をしなければならない。　　　　　　　　　　（同条3項）

第2章　訴え

第1　管轄
1　管轄の意義
　　管轄とは，特定の事件についていずれの裁判所が裁判権を行使するかに関する定めである。
2　管轄の種類
(1)　職分管轄
ア　職分管轄の意義
　　　職分管轄とは，裁判権の作用の違いに従って定められる裁判所の分掌のことである。
イ　職分管轄の種類
　　　受訴裁判所と執行裁判所の区別，審級による区別等がある。
(2)　事物管轄
ア　事物管轄の意義
　　　事物管轄とは，第一審の訴訟事件について，事件の軽重，難易によって定められる管轄である。
イ　簡易裁判所の管轄

簡易裁判所は，次の事項について第一審の裁判権を有する。 一　訴訟の目的の価額が140万円を超えない請求（行政事件訴訟に係る請求を除く。）　　　　　　　　　　　　　　　　　　（裁判所法33条1項1号）

(3)　土地管轄
　　　土地管轄とは，所在地を異にする同種の裁判所の間で，そのいずれに分掌させるかの定めである。
ア　土地管轄の原則
(ア)　被告の普通裁判籍

訴えは，被告の普通裁判籍の所在地を管轄する裁判所の管轄に属する。 　　　　　　　　　　　　　　　　　　　　　　　　　　　　（法4条1項）

(イ)　自然人の普通裁判籍

> 　人の普通裁判籍は，住所により，日本国内に住所がないとき又は住所が知れないときは居所により，日本国内に居所がないとき又は居所が知れないときは最後の住所により定まる。　　　　　　　　　　　　　　　（同条 2 項）

(ｳ)　法人その他の社団又は財団の普通裁判籍

> 　法人その他の社団又は財団の普通裁判籍は，その主たる事務所又は営業所により，事務所又は営業所がないときは代表者その他の主たる業務担当者の住所により定まる。　　　　　　　　　　　　　　　　　　　　（同条 4 項）

イ　財産上の訴え等についての管轄

> 　次の各号に掲げる訴えは，それぞれ当該各号に定める地を管轄する裁判所に提起することができる。（以下は抜粋）
> 一　　財産権上の訴え　　　　　義務履行地
> 九　　不法行為に関する訴え　　不法行為があった地
> 十二　不動産に関する訴え　　　不動産の所在地
> 十三　登記又は登録に関する訴え　登記又は登録をすべき地　　（法 5 条）

ウ　併合請求における管轄

> 　一の訴えで数個の請求をする場合には，第 4 条から前条まで（第 6 条第 3 項を除く。）の規定により一の請求について管轄権を有する裁判所にその訴えを提起することができる。ただし，数人からの又は数人に対する訴えについては，第38条前段に定める場合に限る。　　　　　　　　　　　（法 7 条）

(4)　指定管轄

　管轄の指定とは，具体的な事件について，管轄権を有する裁判所が定まらないときや無いときに，裁判所の裁判で管轄権を有する裁判所を定めることである。これによって生ずる管轄を**指定管轄**と呼ぶ。

> 　管轄裁判所が法律上又は事実上裁判権を行うことができないときは，その裁判所の直近上級の裁判所は，申立てにより，決定で，管轄裁判所を定める。
> 　　　　　　　　　　　　　　　　　　　　　　　　　　　（法10条 1 項）

(5)　合意管轄

ア　合意管轄の意義

　合意管轄とは，当事者の合意に基づいて生じた法律上の管轄と異なる管

轄をいう。

　　合意管轄には，専属的合意管轄と競合的合意管轄がある。

　　専属的合意管轄は，合意した裁判所のみに管轄を認めるものであり，競合的（付加的）合意管轄は，既存の管轄裁判所に付加して，それらと併存する管轄裁判所を認めるものである。

　イ　管轄の合意

当事者は，第一審に限り，合意により管轄裁判所を定めることができる。

（法11条1項）

　ウ　合意管轄の要件

　(ｱ)　合意管轄の要件

前項の合意は，一定の法律関係に基づく訴えに関し，かつ，書面でしなければ，その効力を生じない。　　　　　　　　　　　　　　　（同条2項）

　(ｲ)　電磁的記録による合意

第1項の合意がその内容を記録した電磁的記録によってされたときは，その合意は，書面によってされたものとみなして，前項の規定を適用する。

（同条3項）

　エ　合意管轄の効力

　　　管轄の合意により，合意の内容に応じて，特定の裁判所に専属的又は競合的な管轄が認められる。

(6)　応訴管轄

　ア　応訴管轄の意義

　　　応訴管轄とは，管轄のない裁判所に訴えが提起された場合に，被告が異議なく応訴することによって生ずる管轄である。

被告が第一審裁判所において管轄違いの抗弁を提出しないで本案について弁論をし，又は弁論準備手続において申述をしたときは，その裁判所は，管轄権を有する。　　　　　　　　　　　　　　　　　　　　　　　（法12条）

　イ　本案の弁論

　　　本条にいう本案の弁論とは，原告の請求の当否に関する被告の陳述を指す。したがって，期日変更の申立てや，訴訟要件の欠缺の主張は，本案の弁論に該当しない。

3　管轄権の調査

裁判所は，管轄に関する事項について，職権で証拠調べをすることができる。

（法14条）

4　管轄の標準時

裁判所の管轄は，訴えの提起の時を標準として定める。　（法15条）

第2　移送

1　移送の意義

移送とは，訴訟事件の係属する裁判所がその裁判によって，その事件を他の裁判所に移すことである。

2　管轄違いの場合の取扱い

（1）　管轄違いによる移送

裁判所は，訴訟の全部又は一部がその管轄に属しないと認めるときは，申立てにより又は職権で，これを管轄裁判所に移送する。　（法16条1項）

（2）　簡易裁判所への移送をしない場合

地方裁判所は，訴訟がその管轄区域内の簡易裁判所の管轄に属する場合においても，相当と認めるときは，前項の規定にかかわらず，申立てにより又は職権で，訴訟の全部又は一部について自ら審理及び裁判をすることができる。ただし，訴訟がその簡易裁判所の専属管轄（当事者が第11条の規定により合意で定めたものを除く。）に属する場合は，この限りでない。　（同条2項）

【判例③】地方裁判所にその管轄区域内の簡易裁判所の管轄に属する訴訟が提起され，被告から同簡易裁判所への移送の申立てがあった場合において，同申立てを却下する旨の判断は，民訴法16条2項の規定の趣旨にかんがみ，広く当該事件の事案の内容に照らして地方裁判所における審理及び裁判が相当であるかどうかという観点からされるべきであり，地方裁判所の合理的な裁量にゆだねられる。このことは，簡易裁判所の管轄が専属的管轄の合意によって生じた場合であっても異ならない。（最2小決平20・7・18民集62巻7号2013頁，判時2021号41頁，判タ1280号118頁）

3　遅滞を避ける等のための移送

第一審裁判所は，訴訟がその管轄に属する場合においても，当事者及び尋問を受けるべき証人の住所，使用すべき検証物の所在地その他の事情を考慮して，訴訟の著しい遅滞を避け，又は当事者間の衡平を図るため必要があると認めるときは，申立てにより又は職権で，訴訟の全部又は一部を他の管轄裁判所に移送することができる。　　　　　　　　　　　　　　　　　（法17条）

4　簡易裁判所の裁量移送

簡易裁判所は，訴訟がその管轄に属する場合においても，相当と認めるときは，申立てにより又は職権で，訴訟の全部又は一部をその所在地を管轄する地方裁判所に移送することができる。　　　　　　　　　　　　　　（法18条）

5　必要的移送
(1)　当事者の申立て及び相手方の同意がある場合

第一審裁判所は，訴訟がその管轄に属する場合においても，当事者の申立て及び相手方の同意があるときは，訴訟の全部又は一部を申立てに係る地方裁判所又は簡易裁判所に移送しなければならない。ただし，移送により著しく訴訟手続を遅延させることとなるとき，又はその申立てが，簡易裁判所からその所在地を管轄する地方裁判所への移送の申立て以外のものであって，被告が本案について弁論をし，若しくは弁論準備手続において申述をした後にされたものであるときは，この限りでない。　　　　　　　　　　　（法19条１項）

(2)　簡易裁判所に係属する不動産関係訴訟

簡易裁判所は，その管轄に属する不動産に関する訴訟につき被告の申立てがあるときは，訴訟の全部又は一部をその所在地を管轄する地方裁判所に移送しなければならない。ただし，その申立ての前に被告が本案について弁論をした場合は，この限りでない。　　　　　　　　　　　　　　　　（同条２項）

6　即時抗告

移送の決定及び移送の申立てを却下した決定に対しては，即時抗告をすることができる。　　　　　　　　　　　　　　　　　　　　　　　（法21条）

7　移送の裁判の拘束力等
(1)　移送の裁判の拘束力

> 確定した移送の裁判は，移送を受けた裁判所を拘束する。　（法22条1項）

(2) 再移送の禁止

> 移送を受けた裁判所は，更に事件を他の裁判所に移送することができない。
> 　（同条2項）

(3) 訴訟係属の擬制

> 移送の裁判が確定したときは，訴訟は，初めから移送を受けた裁判所に係属していたものとみなす。　（同条3項）

第3　当事者

1　当事者の確定

(1) 当事者の確定の意義

　　当事者の確定とは，訴訟当事者が誰かを確定することである。

(2) 当事者確定の基準

　ア　意思説　原告の意思に基づいて当事者を定めようとする。

　イ　行動説　当事者として行動している者を当事者とする。

　ウ　表示説　訴状における表示を基準として当事者を定めようとする。

　　表示説のうち，請求の趣旨・原因の記載をも考慮する**実質的表示説**が通説・実務である。

2　当事者能力

　当事者能力とは，一般的に訴訟当事者となり得る能力のことである。

> 当事者能力，訴訟能力及び訴訟無能力者の法定代理は，この法律に特別の定めがある場合を除き，民法その他の法令に従う。訴訟行為をするのに必要な授権についても，同様とする。　（法28条）

3　訴訟能力

(1) 訴訟能力の意義

　　訴訟能力とは，自ら有効に訴訟行為をし又は相手方の訴訟行為に応じるために必要な能力のことである。

　　訴訟能力がない者を**訴訟無能力者**という。

(2) 未成年者及び成年被後見人の訴訟能力

> 　未成年者及び成年被後見人は，法定代理人によらなければ，訴訟行為をすることができない。ただし，未成年者が独立して法律行為をすることができる場合は，この限りでない。　　　　　　　　　　　　　　　　　　　　（法31条）

　成年年齢は，民法改正（平成30年法律第59号）により18歳に引き下げられ，令和4年4月1日から施行されている。

> 　年齢18歳をもって，成年とする。　　　　　　　　　　　　　　（民法4条）

4　訴訟代理人の資格

(1)　弁護士代理の原則

> 　法令により裁判上の行為をすることができる代理人のほか，弁護士でなければ訴訟代理人となることができない。ただし，簡易裁判所においては，その許可を得て，弁護士でない者を訴訟代理人とすることができる。（法54条1項）

(2)　訴訟代理人の許可の取消し

> 　前項の許可は，いつでも取り消すことができる。　　　　　　　（同条2項）

第4　訴え

1　給付の訴え

(1)　給付の訴えの意義

　給付の訴えは，被告が原告に対し一定の給付をすべき旨を命ずる判決（給付判決）を求める訴えである。

(2)　将来の給付の訴え

> 　将来の給付を求める訴えは，あらかじめその請求をする必要がある場合に限り，提起することができる。　　　　　　　　　　　　　　　　　（法135条）

　ア　将来の給付の訴えの意義

　　将来の給付の訴えは，口頭弁論終結時までに履行期の到来しない給付請求権を主張して，将来の履行期に給付をすべき旨を命ずる判決をあらかじめ求める訴えである。

　イ　将来の給付の訴えの利益

　　あらかじめその請求をする必要があることは，将来の給付の訴えの利益と呼ばれる。

　　　ウ　交通事故における保険金請求

　　　　自賠法の強制保険については，被害者から保険会社に対する保険金の直接請求が認められているが，任意保険については，特約等がない限り，被害者から保険会社に対する保険金の直接請求は許されない。そこで，被害者は，保険会社に対する直接請求に代えて，加害者に対する損害賠償請求債権を基本債権として，加害者に代位して保険会社に対し保険金を請求する方法がとられている。

　　　　加害者に対する損害賠償請求と保険会社に対する保険金請求が併合審判されている併合型代位訴訟では，加害者と被害者との間で損害賠償額が確定していなくても，保険金請求訴訟は，将来の給付の訴えとして許される。

【判例④】交通事故の被害者が，加害者に対する損害賠償請求と保険会社に対し加害者に代位してする保険金請求とを併合して訴求している場合には，右保険金請求訴訟は，将来の給付の訴えとして許される。（最 3 小判昭57・9・28民集36巻 8 号1652頁，判時1055号 3 頁，判タ478号171頁）

　2　確認の訴え

　(1)　確認の訴えの意義

　　　確認の訴えは，権利又は法律関係の存否を確定する判決（確認判決）を求める訴えである。

　(2)　証書真否確認の訴え

　　　文書の成立の真否確認の訴えは，一般的には訴えの利益がないが，**証書真否確認の訴え**については，訴えの利益が認められることがある。

　　確認の訴えは，法律関係を証する書面の成立の真否を確定するためにも提起することができる。　　　　　　　　　　　　　　　　　　　　　　（法134条）

　　　処分証書については，文書の成立の真正が認められれば，特段の事情のない限り，作成者がそこに記載された法律行為をしたものと認められることになるから（後記104頁），処分証書の成立を争う利益が認められる。

　3　形成の訴え

　(1)　形成の訴えの意義

　　　形成の訴えは，原告の請求が一定の法律要件に基づく法律関係の変動の主張で，その変動を宣言する判決（形成判決）を求める訴えである。

　(2)　形成の訴えの認められる場合

　　　形成の訴えは，実定法が個別に定めている場合に認められる。

　　　請求認容判決は，判決主文中で法律関係の変動の宣言を行い，判決の確定

に伴い，形成力を生じる。

第5　訴訟要件

　　訴訟要件とは，本案判決をするために必要な要件をいう。

1　訴えの利益

(1)　訴えの利益の意義

　　訴えの利益とは，原告の請求に対し，本案判決をすることが当事者間の紛争を解決するために有効かつ適切であることをいう。

(2)　確認の利益

　　訴えの利益は，確認の訴えの場合の確認の利益において最も問題となる。

　　確認の利益は，原告の権利又は法的地位に危険，不安が現存し，それを除去する方法として原告，被告間で訴訟物である権利又は法律関係の存否について判決することが有効適切な場合に認められる。

　ア　判決無効確認の訴え

　　判決が無効であることを前提として現在の権利又は法律関係の存否の確認を求めるのではなく，単に判決が無効であることの確認を求める訴えは，不適法として却下される。

【判例⑤】現在の権利または法律関係の存否の確認を求めるのでなく，単に判決の無効確認を求めることは，許されない。（最2小判昭40・2・26民集19巻1号166頁，判時403号32頁，判タ174号99頁）

　イ　敷金返還請求権

　　建物賃貸借契約継続中に敷金返還請求権の存在確認を求める訴えは，条件付き権利の確認を求めるものとして，確認の利益がある。

【判例⑥】建物賃貸借契約継続中に賃借人が賃貸人に対し敷金返還請求権の存在確認を求める訴えは，その内容が右賃貸借契約終了後建物の明渡しがされた時においてそれまでに生じた敷金の被担保債権を控除しなお残額があることを条件とする権利の確認を求めるものであり，賃貸人が賃借人の敷金交付の事実を争って敷金返還義務を負わないと主張しているときは，確認の利益がある。（最1小判平11・1・21民集53巻1号1頁，判時1667号71頁，判タ995号73頁）

　ウ　債務不存在確認訴訟と反訴提起

　　債務の履行を求める反訴が提起されている場合には，本訴である債務不存在確認訴訟は確認の利益がなく不適法であるから，却下されることになる。

【判例⑦】　債務者が債権者に対して提起した債務が存在しないことの確認を求める訴えは，当該債務の履行を求める反訴が提起されている場合には，確認の利益がない。(最 1 小判平16・ 3 ・25民集58巻 3 号753頁，判時1856号150頁，判タ1149号294頁)

　　エ　定額郵便貯金債権

　　　定額郵便貯金債権は，郵便貯金法の趣旨から，共同相続があっても当然分割にはならないから，遺産分割の前提問題として，民事訴訟の手続において，同債権が遺産に属するか否かを確認する利益が認められる。

【判例⑧】　共同訴訟人間において定額郵便貯金債権が現に被相続人の遺産に属することの確認を求める訴えには，その債権の帰属に争いがある限り，確認の利益がある。(最 2 小判平22・10・ 8 民集64巻 7 号1719頁，判時2098号51頁，判タ1337号114頁)

　(3)　却下判決と棄却判決

　　　訴え却下の判決よりも，請求の当否についての判断である請求棄却の判決の方が，再訴を妨げる点で被告に有利であるから，被告には，請求棄却の判決を求める利益がある。

【判例⑨】　第一審裁判所が訴えの利益がないとして原告の請求を排斥した場合は，請求棄却の判決を求めた被告も控訴申立の利益を有するものと解すべきである。(最 2 小判昭40・ 3 ・19民集19巻 2 号484頁，判時407号28頁，判タ176号100頁)

　(4)　不適法なことが明らかな訴え

【判例⑩】　訴えが不適法であり，裁判制度の趣旨から，当事者のその後の訴訟活動によって訴えを適法とすることが全く期待できない場合には，被告に訴状の送達をするまでもなく口頭弁論を経ずに訴えを却下し，右判決正本を原告にのみ送達すれば足りる。(最 3 小判平 8 ・ 5 ・28裁判集民179号95頁，判時1569号48頁，判タ910号268頁)

　2　当事者適格

　(1)　当事者適格の意義

　　　当事者適格とは，個別の訴訟における請求について，当事者として訴訟を追行し，本案判決を求めることのできる資格をいう。正当な当事者ともいう。

　(2)　給付の訴えにおける当事者適格

　　ア　原告適格

【判例⑪】　給付の訴えにおいては，自らがその給付を請求する権利を有すると主張する者に原告適格がある。(最 3 小判平23・ 2 ・15裁判集民236号45頁，判

時2110号40頁，判タ1345号129頁）

【判例⑫】　権利能力のない社団は，構成員全員に総有的に帰属する不動産について，その所有権の登記名義人に対し，当該社団の代表者の個人名義に所有権移転登記手続をすることを求める訴訟の原告適格を有する。（最1小判平26・2・27民集68巻2号192頁，判時2215号94頁，判タ1399号84頁）

　　イ　被告適格

【判例⑬】　給付の訴えにおいては，その訴えを提起する者が給付義務者であると主張している者に被告適格があり，その者が当該義務を負担するかどうかは本案請求の当否にかかわる事柄である。（最1小判昭61・7・10裁判集民148号269頁，判時1213号83頁，判タ623号77頁）

　(3)　境界確定訴訟における当事者適格

【判例⑭】　公簿上相隣接する2筆の土地の中間に第三者所有の土地が介在する場合には，右2筆の土地の所有名義人間の境界確定の訴えは，当事者適格を欠く不適法な訴えとなる。（最1小判昭59・2・16裁判集民141号227頁，判時1109号90頁，判タ523号150頁）

　3　重複する訴えの提起の禁止

> 　裁判所に係属する事件については，当事者は，更に訴えを提起することができない。　　　　　　　　　　　　　　　　　　　　　　　　　　　（法142条）

　(1)　重複起訴の意義

　　重複起訴とは，訴訟係属中の事件と同一の事件について，裁判所に訴えを提起することをいう。法142条により重複起訴（二重訴訟）は禁止される。

　(2)　同一の事件

　　事件が同一であるかどうかは，当事者が同一であることと，訴訟物としての権利関係が同一であることにより判断される。

　(3)　相殺の抗弁として主張される場合

　　相殺の抗弁は，抗弁ではあるものの，それ自体独立に訴訟物となりうる債権であるから考慮を要する。

　　ア　**別訴先行型**

　　　先行している別訴（訴訟①）の請求債権を自働債権として，後行の訴訟（訴訟②）で相殺の抗弁を主張することは許されない。

【判例⑮】別訴において訴訟物となっている債権を自働債権として，相殺の抗弁を
　　　　主張することは許されない。（最 3 小判平 3・12・17民集45巻 9 号1435頁，
　　　　金融商事906号 3 頁，金融法務1332号40頁）
　　　　　別訴先行型であっても，後行の反訴（反訴②）請求債権を自働債権とし，
　　　　先行の本訴（本訴①）請求債権を受働債権とする相殺の抗弁は禁じられ
　　　　ず，異なる意思表示のない限り，反訴は予備的反訴に変更される。

【判例⑯】本訴及び反訴が係属中に，反訴原告が，反訴請求債権を自働債権とし，
　　　　本訴請求債権を受働債権として相殺の抗弁を主張することは，異なる意思
　　　　表示をしない限り，反訴を，反訴請求債権につき本訴において相殺の自働
　　　　債権として既判力ある判断が示された場合にはその部分を反訴請求としな
　　　　い趣旨の予備的反訴に変更するものとして，許される。（最 2 小判平18・
　　　　4・14民集60巻 4 号1497頁，判時1931号40頁，判タ1209号83頁）
【判例⑰】請負契約に基づく請負代金債権と同契約の目的物の瑕疵修補に代わる損
　　　　害賠償債権の一方を本訴請求債権とし，他方を反訴請求債権とする本訴及
　　　　び反訴が係属中に，本訴原告が，反訴において，上記本訴請求債権を自働
　　　　債権とし，上記反訴請求債権を受働債権とする相殺の抗弁を主張すること
　　　　は許される。（最 2 小判令 2・9・11民集74巻 6 号1693頁，判時2485号 6 頁，
　　　　判タ1484号61頁）
　イ　抗弁先行型
　　　　抗弁先行型とは，訴訟（訴訟①）で既に相殺の抗弁に供した自働債権を
　　　訴訟物として別訴又は反訴（訴訟②）を提起する場合である。

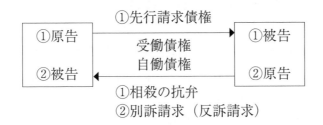

　　東京高判平８・４・８（東高民時報47巻17頁，判夕937号262頁）は，「既
　に相殺の抗弁の自働債権として主張した債権につき，別訴をもってこれを
　行使することは，民訴法142条（旧231条）の趣旨に照らし許されないもの
　と解すべきである。」としている。

第6　訴えの提起

1　訴えの提起

　(1)　訴え提起の方式

> 訴えの提起は，訴状を裁判所に提出してしなければならない。（法133条１項）

　(2)　訴状の記載事項

　　ア　訴状の必要的記載事項

> 訴状には，次に掲げる事項を記載しなければならない。
> 一　当事者及び法定代理人
> 二　請求の趣旨及び原因　　　　　　　　　　　　　　　　　　（同条２項）

　　　　　訴状の必要的記載事項については，裁判長の訴状審査権の対象であり，
　　　　不備があれば，補正命令（法137条１項）を経て，補正されないときに訴
　　　　状は却下される。（同条２項）
　　　　　なお，法133条は，改正法により条数繰下げで法134条となる。

　　イ　訴状の実質的記載事項

> 　訴状には，請求の趣旨及び請求の原因（請求を特定するのに必要な事実をい
> う。）を記載するほか，請求を理由づける事実を具体的に記載し，かつ，立証
> を要する事由ごとに，当該事実に関連する事実で重要なもの及び証拠を記載し
> なければならない。　　　　　　　　　　　　　　　　　　　　（規則53条１項）

　　　(ア)　請求を特定するのに必要な事実と請求を理由づける事実
　　　　　　訴状には，請求を特定するのに必要な事実（特定のための請求原因，
　　　　　法133条２項）を記載するほか，請求を理由づける事実（理由付け請求

原因，規則53条1項）を記載しなければならない。（後記51頁）

　　(イ)　請求を理由づける事実

　　　　請求を理由づける事実とは，訴訟物たる権利関係の主張を基礎づけるのに必要な事実であり，原告が主張責任を負う事実である。

　　　　訴状に，請求を理由づける事実を記載することにより，被告が口頭弁論期日に欠席した場合に擬制自白（法159条1項，3項）が成立し，請求認容判決が可能となる。

　　ウ　主要事実と間接事実の記載上の区別

> 　訴状に事実についての主張を記載するには，できる限り，請求を理由づける事実についての主張と当該事実に関連する事実についての主張とを区別して記載しなければならない。　　　　　　　　　　　　　　　　　（同条2項）

　　エ　訴状が準備書面を兼ねること

> 　攻撃又は防御の方法を記載した訴状は，準備書面を兼ねるものとする。
> 　　　　　　　　　　　　　　　　　　　　　　　　　　　　　　（同条3項）

　　オ　郵便番号及び電話番号の訴状への記載

> 　訴状には，第1項に規定する事項のほか，原告又はその代理人の郵便番号及び電話番号（ファクシミリの番号を含む。）を記載しなければならない。
> 　　　　　　　　　　　　　　　　　　　　　　　　　　　　　　（同条4項）

2　請求の趣旨

　(1)　請求の趣旨の意義

　　　請求の趣旨とは，訴えによって求める審判の内容を確定する表示である。

　(2)　訴訟物

　　ア　訴訟物の意義

　　　訴訟物とは，民事訴訟における審判の対象（訴えの内容をなす訴訟上の請求）である。

　　イ　**訴訟物理論**

　　　訴訟物をどのように捉えるかについて，訴訟物論争と呼ばれる議論がある。

　　(ア)　**旧訴訟物理論**（旧実体法説）

　　　　訴訟上の請求は権利主張であり，その権利とは具体的な実体法上の権利であるとする。

実務は，旧訴訟物理論によっている。

(イ)　**新訴訟物理論**（訴訟法説）

訴訟上の請求は審判の要求であり，請求が何であるかは実体法上の権利に関係なく，訴訟上の立場から定めるべきであるとする。

新訴訟物理論は，学説における多数説とされている。

(ウ)　**新実体法説**

新訴訟物理論（訴訟法説）において訴訟物と指定したものこそが，実体法上も請求権であるとする。

ウ　訴訟物の個数

実務のとる旧訴訟物理論によれば，訴訟物の個数は，実体法上の請求権の数によって定まる。

3　請求原因

(1)　請求原因の意義

請求原因とは，原告の請求を特定の権利主張として構成するのに必要な事実をいう。

(2)　法133条2項の請求原因

請求を特定するのに必要な事実（**特定のための請求原因**）をいう。

訴状における請求原因の記載の程度としては，他と区別できる程度に訴訟物を特定するのに必要な限度で事実を記載すれば足りるとする識別説と，請求を理由づけるのに必要な事実を記載することを要するとする理由記載説があるが，実務においては識別説がとられているとされている。

(3)　規則53条1項の記載事項

請求を理由づける事実（**理由付け請求原因**，攻撃防御方法としての請求原因）を記載しなければならない。

民事訴訟規則上の訓示的記載事項としては，訴状の請求原因の欄に攻撃防御方法まで記載することが求められ（規則53条1項），実務もそのように運用されている。実務上，このような請求を理由あらしめる事実としての攻撃方法を含めて，慣用的に請求原因と呼び，この意味の請求原因の記載が求められている。（コンメ民訴Ⅲ42頁）

4　要件事実

(1)　法律要件

実体法の規定する法律効果の発生要件を**法律要件**（構成要件）という。

(2)　要件事実

要件事実とは，法律効果の発生要件に該当する具体的事実である。

【訴状】

訴　　　　　状

令和○年○月○○日

東京地方裁判所民事第○○部　御中

原告訴訟代理人弁護士　○　○　○　○　印

当事者の表示　別紙当事者目録記載のとおり

損害賠償請求事件
　　訴訟物の価額　　○○万円
　　貼用印紙額　　　○○円

第1　請求の趣旨
　1　被告は，原告に対し，○○万円及びこれに対する令和○年○月○日から支払
　　済みまで年○パーセントの割合による金員を支払え。
　2　訴訟費用は被告の負担とする。
　との判決並びに仮執行の宣言を求める。
第2　請求の原因
　1　（略）
　2　（略）
　3　よって，原告は，被告に対し，民法709条に基づき，損害賠償金○○万円及
　　びこれに対する不法行為の日である令和○年○月○日から支払済みまで民法所
　　定の年○パーセントの割合による遅延損害金の支払を求める。
証拠方法　令和○年○月○日付け証拠説明書記載のとおり
附属書類　　（略）

以　　上

5　主張責任と立証責任

(1)　主張責任

ア　主張責任の意義

主張責任とは，要件事実の主張がされないために，裁判所がその事実を判決の基礎にできない結果，一方の当事者が受ける不利益又は危険のことである。

イ　主張共通の原則

主張共通の原則とは，主張責任を負わない当事者から主張された事実であっても，それを判決の基礎とすることができるとの原則である。

ただし，権利抗弁（第3章第6の5(4)ウ，86頁）については，留置権や同時履行の抗弁権など実体法上の抗弁権の成立に関する主要事実については主張共通の原則が妥当するが，その権利を行使するとの主張は，その法的効果を主張する者によってなされなければならない。

(2)　立証責任

ア　立証責任の意義

立証責任とは，ある事実の存在が**真偽不明**（ノンリケット，non-liquet）になった場合に，一方の当事者が受ける不利益又は危険のことである。

イ　立証責任の分配

(ア)　**法律要件分類説**

立証責任の分配の基準として，通説・実務は法律要件分類説を採用している。法律要件分類説は，実体法規の法律要件の定め方によって立証責任の分配を決定する。

基本的には，本文，ただし書等の条文の体裁が基準となる。

(イ)　**修正された法律要件分類説**

民法等の条文は必ずしも立証責任を考慮して規定されていないので，現在の法律要件分類説では，条文の体裁のほかに，他の同様な規定との整合性や法律の実質的な目的等を考慮して，立証責任を分配している。

(ウ)　実体法規の4分類

a　権利根拠規定

権利根拠規定とは，権利の発生要件を定めた規定である。

原告は，請求原因として，訴訟物である権利の発生要件を定めた権利根拠事実を主張立証する。

権利根拠規定の例として，民法555条（売買契約）や192条（即時取得）がある。

　　　　b　権利障害規定

　　　　　権利障害規定とは，権利発生の障害要件を定めた規定である。

　　　　　被告は，抗弁として，請求原因から生じる法律効果に対する権利障害規定（障害の抗弁），権利消滅規定（消滅の抗弁）又は権利阻止規定（阻止の抗弁）を主張立証する。

　　　　　権利障害規定の例として，民法94条1項（虚偽表示）や95条（錯誤）がある。

　　　　c　権利消滅規定

　　　　　権利消滅規定とは，権利の消滅要件を定めた規定である。

　　　　　権利消滅規定の例として，民法473条（債務の弁済）や519条（債務の免除）がある。

　　　　d　権利阻止規定

　　　　　権利阻止規定とは，権利の行使を一時的に阻止する要件を定めた規定である。

　　　　　権利阻止規定の例として，民法135条1項（期限）がある。

　ウ　立証責任の転換

　(ア)　立証責任の転換の意義

　　　立証責任の転換とは，本来一方の当事者が立証責任を負う主要事実について，相手方にその反対事実の立証責任を負わせることである。

　(イ)　立証責任の転換の例

　　　立証責任の転換の例として，自動車損害賠償保障法3条の規定がある。不法行為による損害賠償請求では，民法709条により損害賠償を請求する原告が被告の過失の立証責任を負うのが一般であるが，自賠法3条ただし書により立証責任が転換され，運行供用者が無過失の立証責任を負っている。

> 　自己のために自動車を運行の用に供する者は，その運行によつて他人の生命又は身体を害したときは，これによつて生じた損害を賠償する責に任ずる。ただし，自己及び運転者が自動車の運行に関し注意を怠らなかつたこと，被害者又は運転者以外の第三者に故意又は過失があつたこと並びに自動車に構造上の欠陥又は機能の障害がなかつたことを証明したときは，この限りでない。
>
> 　　　　　　　　　　　　　　　　　　　　　　（自動車損害賠償保障法3条）

　(ウ)　解釈による立証責任の転換

　　　法律の条文に基づかない，解釈による立証責任の転換が認められるか

については，実務は消極的であるとされる。

エ　推定

　　推定とは，A事実の立証がされれば，B事実を存在するものとして扱うことである。

(ア)　法律上の推定

a　法律上の推定の意義

　　法律上の推定とは，「A事実があるときは，B事実があると推定する。」旨を法律が規定している場合である。

b　法律上の事実推定と法律上の権利推定

　　法律上の推定には，事実を推定する**法律上の事実推定**と，権利ないし法律関係そのものを推定する**法律上の権利推定**がある。

　　法律上の事実推定の例として，民法186条2項がある。同項は，最初の占有開始と現在の占有が証明されれば，その期間占有が継続していたものと推定する。この規定によって，時効取得を主張する者の証明責任は著しく軽減されることになる。

> 前後の両時点において占有をした証拠があるときは，占有は，その間継続したものと推定する。
> （民法186条2項）

　　法律上の権利推定の例として，民法188条がある。同条は，占有の事実から，占有者が占有すべき正当な権利（本権）を有することを推定する。

> 占有者が占有物について行使する権利は，適法に有するものと推定する。
> （民法188条）

(イ)　暫定事実

　　法律上の推定に類似する概念として，暫定事実がある。

　　暫定事実とは，前提事実の証明なくして，無条件に一定の事実を推定する規定（無条件の推定規定）である。

　　暫定事実の例として，民法186条1項がある。同項により，占有者の所有の意思，善意，平穏，公然が無条件に推定される。

> 占有者は，所有の意思をもって，善意で，平穏に，かつ，公然と占有をするものと推定する。
> （民法186条1項）

(ウ)　事実上の推定

事実上の推定とは，経験則として，A事実があるときは，B事実があると推定される場合である。

6 主張自体失当

(1) 有理性

有理性（主張の首尾一貫性）とは，請求原因や抗弁等の主張が，主張自体においては実体法規に照らし理由があることをいう。主張された事実をすべて真実だと仮定した場合に，その主張が法的に正当とされることである。

(2) 主張自体失当の意義

主張自体失当とは，請求原因や抗弁等の主張が，実体法規に照らして主張自体において理由がないため，立証に入るまでもなく失当である場合をいう。主張が有理性を欠くためである。

請求原因にあっては，原告の主張する事実を前提としても，実体法上請求を認容しえない場合である。

実定法では，法385条が支払督促の申立てにつきこの趣旨を定めている。

> 支払督促の申立てが第382条若しくは第383条の規定に違反するとき，又は申立ての趣旨から請求に理由がないことが明らかなときは，その申立てを却下しなければならない。 （法385条1項前段）

(3) 主張自体失当の類型

ア 法的に誤った主張

実定法からみて主張が誤っている場合である。例として次のようなものがある。

(ア) 請求原因

軽過失による失火を理由とする不法行為に基づく損害賠償請求

> 民法第709条ノ規定ハ失火ノ場合ニハ之ヲ適用セス但シ失火者ニ重大ナル過失アリタルトキハ此ノ限ニ在ラス （失火ノ責任ニ関スル法律）

(イ) 抗弁

a 不法行為に基づく損害賠償請求に対する相殺の抗弁

> 　次に掲げる債務の債務者は，相殺をもって債権者に対抗することができない。ただし，その債権者がその債務に係る債権を他人から譲り受けたときは，この限りでない。
> 一　悪意による不法行為に基づく損害賠償の債務
> 二　人の生命又は身体の侵害による損害賠償の債務（前号に掲げるものを除く。）
> 　　　　　　　　　　　　　　　　　　　　　　　　　　　　（民法509条）

　　　b　賃金請求に対する前借金による相殺の抗弁

> 　使用者は，前借金その他労働することを条件とする前貸の債権と賃金を相殺してはならない。　　　　　　　　　　　　　　　　　　（労働基準法17条）

　　(ウ)　除斥期間に対する信義則違反又は権利濫用の主張
　　　　　除斥期間は，期間の経過により当然に権利消滅の効力を生じ，当事者の援用がなくても裁判所はこれに基づいて裁判しなければならないから，除斥期間に対する信義則違反又は権利濫用の主張は，主張自体失当となる。
【判例⑱】民法724条後段の規定は，不法行為による損害賠償請求権の除斥期間を定めたものである。裁判所は，除斥期間の性質にかんがみ，損害賠償請求権が除斥期間の経過により消滅した旨の主張がなくても，右期間の経過により損害賠償請求権が消滅したものと判断すべきであり，信義則違反又は権利濫用の主張は，主張自体失当である。（最1小判平1・12・21民集43巻12号2209頁，判時1379号76頁，判タ753号84頁）
　　　　　次の判決は，上記判決を前提にしながら，除斥期間経過後でも損害賠償請求権を行使できる場合があることを，例外的に認めたものである。
【判例⑲】除斥期間の主張が信義則違反又は権利濫用であるという主張は，主張自体失当である。ただし，不法行為の被害者が不法行為の時から20年を経過する前6箇月内において右不法行為を原因として心神喪失の常況にあるのに法定代理人を有しなかった場合において，その後当該被害者が禁治産宣告を受け，後見人に就職した者がその時から6箇月以内に右不法行為による損害賠償請求権を行使したなど特段の事情があるときは，民法158条の法意に照らし，同法724条後段の効果は生じない。（最2小判平10・6・12民集52巻4号1087頁，判時1644号42頁，判タ980号85頁）
　　イ　主張不足
　　　　ある法律効果の発生要件事実が数個の事実から成り立っているとき，そ

　のうち1つでも主張がない場合である。

　　ただし，主張共通の原則（前記53頁）により，主張責任を負わない当事者から主張された事実であっても，主張があったものとして扱われる。

【判例⑳】主要事実は，当事者の弁論にあらわれないかぎり裁判所が判決の基礎とすることは許されないけれども，当事者の弁論にあらわれた場合には，その事実について主張責任を負う当事者から陳述されたものであるかどうかは問うところではない。（最3小判昭43・11・19民集22巻12号2692頁，判時542号52頁，判タ229号142頁）

　ウ　過剰主張
　　㋐　**過剰主張**
　　　法律要件に該当する必要最小限の事実以外の事実を主張することにより，要件事実として機能しない事実の主張である。
　　㋑　a＋b
　　　過剰主張の例としてa＋bの関係がある。
　　　実体法上の法律効果の面だけを考えると，複数の攻撃防御方法が成り立つように見えるが，ある攻撃防御方法Bの要件事実（a＋b）が，他の攻撃防御方法Aのすべての要件事実（a）を内包している場合には，攻撃防御方法Bは，訴訟法上の攻撃防御方法として無意味である。この場合，攻撃防御方法Bは，攻撃防御方法Aと「a＋b」の関係にあるという。
　　㋒　a＋bの例
　　　弁済の提供の抗弁と弁済供託の抗弁のいずれも提出できる場合
　　　　抗弁A　　弁済の提供の抗弁　　（弁済の提供a）
　　　　抗弁B　　弁済供託の抗弁　　（弁済の提供a＋供託b）
　　　弁済の提供のa事実が認定できれば，抗弁Aにより請求を排斥できる。
　　　a事実が認定できなければ，抗弁Aも抗弁Bも理由がないことになる。
　　　いずれにせよ被告はa事実のみを主張すればよいから，抗弁Bは攻撃防御方法として無意味であり，抗弁Bは主張自体失当となる。
　　㋓　弁済の提供の方法

　弁済の提供は，債務の本旨に従って現実にしなければならない。ただし，債権者があらかじめその受領を拒み，又は債務の履行について債権者の行為を要するときは，弁済の準備をしたことを通知してその受領の催告をすれば足りる。
　　　　　　　　　　　　　　　　　　　　　　　　　　　　（民法493条）

(ｵ)　供託

> 　弁済者は，次に掲げる場合には，債権者のために弁済の目的物を供託することができる。この場合においては，弁済者が供託をした時に，その債権は，消滅する。
> 一　弁済の提供をした場合において，債権者がその受領を拒んだとき。
> 二　債権者が弁済を受領することができないとき。　　　　　（民法494条1項）

7　訴え提起の効果

(1)　二重訴訟の禁止

　　　前述（47頁）のとおり，訴えの提起により，既に裁判所に係属する事件と重複する訴え（重複起訴，二重訴訟）は禁止される。

(2)　時効の完成猶予

> 　訴えが提起されたとき，又は第143条第2項（第144条第3項及び第145条第4項において準用する場合を含む。）の書面が裁判所に提出されたときは，その時に時効の完成猶予又は法律上の期間の遵守のために必要な裁判上の請求があったものとする。　　　　　　　　　　　　　　　　　　　　　　（法147条）

　ア　時効の完成猶予の効力

　　　訴えの提起には，時効の完成猶予の効力が与えられている。

> 　次に掲げる事由がある場合には，その事由が終了する（確定判決又は確定判決と同一の効力を有するものによって権利が確定することなくその事由が終了した場合にあっては，その終了の時から6箇月を経過する）までの間は，時効は，完成しない。
> 一　裁判上の請求
> 二　支払督促
> 三　民事訴訟法第275条第1項の和解又は民事調停法若しくは家事事件手続法による調停
> 四　破産手続参加，再生手続参加又は更生手続参加　　　（民法147条1項）

　　　時効の完成猶予の効力が発生するのは，訴え提起の時である。

　　(ｱ)　訴えの変更と時効の完成猶予の効力

【判例㉑】係争地域が自己の所有に属することの主張は前後変わることなく，ただ単に請求を境界確定から所有権確認に交替的に変更したにすぎない場合には，境界確定の訴えの提起によって生じた時効中断の効力には影響がな

い。（最２小判昭38・１・18民集17巻１号１頁，判時330号35頁，判タ142
号49頁）

　㈣　民事調停不成立後の訴え提起

　第14条（第15条において準用する場合を含む。）の規定により事件が終了し，
又は前条第４項の規定により決定が効力を失った場合において，申立人がその
旨の通知を受けた日から２週間以内に調停の目的となった請求について訴えを
提起したときは，調停の申立ての時に，その訴えの提起があったものとみなす。

（民事調停法19条）

　イ　明示的一部請求と時効の完成猶予
　　㈠　明示的一部請求と時効の中断
【判例㉒】数量的に可分な債権の一部についてのみ判決を求める旨を明示して訴え
　　　　が提起された場合，債権者が将来にわたって残部をおよそ請求しない旨の
　　　　意思を明らかにしているなど，残部につき権利行使の意思が継続的に表示
　　　　されているとはいえない特段の事情のない限り，当該訴えの提起は，残部
　　　　について，裁判上の催告として消滅時効の中断の効力を生じ，債権者は，
　　　　当該訴えに係る訴訟の終了後６箇月以内に民法153条所定の措置を講ずる
　　　　ことにより，残部について消滅時効を確定的に中断することができる。（最
　　　　１小判平25・６・６民集67巻５号1208頁，判時2190号22頁，判タ1390号
　　　　136頁）
　　　　　平成29年の民法改正の後においては，次のように考えられる。
　　　　　明示的一部請求の訴えが提起された場合，当該一部については民法
　　　　147条１項１号により確定的な時効の完成猶予の効力が生ずる。残部の
　　　　債権については，特段の事情のない限り，催告があったものとして，訴
　　　　訟の終了から６箇月を経過するまでの間は，時効の完成が猶予されるこ
　　　　とになるだろう。
　　㈡　催告による時効の完成猶予

　催告があったときは，その時から６箇月を経過するまでの間は，時効は，完
成しない。　　　　　　　　　　　　　　　　　　　　　　　（民法150条１項）

第3章　民事訴訟の審理

第1　口頭弁論の準備

1　争点整理手続

(1)　争点整理手続の意義

　　争点整理手続とは，争点及び証拠の整理を行う手続である。

(2)　争点整理手続の種類

　　法は，争点整理のために，裁判所の主宰する手続として弁論準備手続，準備的口頭弁論及び書面による準備手続の3種類を，当事者のために準備書面及び当事者照会の手続を定めている。

2　弁論準備手続

(1)　弁論準備手続の意義

　　弁論準備手続とは，口頭弁論の準備として争点及び証拠の整理を行うための手続である。

(2)　弁論準備手続の開始

> 　裁判所は，争点及び証拠の整理を行うため必要があると認めるときは，当事者の意見を聴いて，事件を弁論準備手続に付することができる。　（法168条）

(3)　弁論準備手続の期日

ア　期日の対席性

> 　弁論準備手続は，当事者双方が立ち会うことができる期日において行う。
> （法169条1項）

イ　期日の傍聴

> 　裁判所は，相当と認める者の傍聴を許すことができる。ただし，当事者が申し出た者については，手続を行うのに支障を生ずるおそれがあると認める場合を除き，その傍聴を許さなければならない。　（同条2項）

(4)　弁論準備手続の結果の陳述

> 　当事者は，口頭弁論において，弁論準備手続の結果を陳述しなければならない。　（法173条）

(5)　弁論準備手続終結後の攻撃防御方法の提出

> 第167条の規定は，弁論準備手続の終結後に攻撃又は防御の方法を提出した当事者について準用する。　　　　　　　　　　　　　　　　（法174条）

3　準備的口頭弁論

(1)　準備的口頭弁論の意義

準備的口頭弁論とは，裁判所が争点及び証拠の整理を行うため必要があると認めるときに，これを口頭弁論で行う場合の口頭弁論をいう。

(2)　準備的口頭弁論の開始

> 裁判所は，争点及び証拠の整理を行うため必要があると認めるときは，この款に定めるところにより，準備的口頭弁論を行うことができる。　（法164条）

(3)　証明すべき事実の確認

ア　証明すべき事実の確認

> 裁判所は，準備的口頭弁論を終了するに当たり，その後の証拠調べにより証明すべき事実を当事者との間で確認するものとする。　　　　（法165条1項）

イ　要約書面の提出

> 裁判長は，相当と認めるときは，準備的口頭弁論を終了するに当たり，当事者に準備的口頭弁論における争点及び証拠の整理の結果を要約した書面を提出させることができる。　　　　　　　　　　　　　　　　　　　（同条2項）

(4)　準備的口頭弁論終了後の攻撃防御方法の提出

> 準備的口頭弁論の終了後に攻撃又は防御の方法を提出した当事者は，相手方の求めがあるときは，相手方に対し，準備的口頭弁論の終了前にこれを提出することができなかった理由を説明しなければならない。　　　　　　（法167条）

4　書面による準備手続

(1)　書面による準備手続の意義

書面による準備手続とは，当事者が遠隔の地に居住しているとき等の場合に，当事者が裁判所に出頭しないで，準備書面の提出等により争点及び証拠の整理をする手続をいう。

(2)　書面による準備手続の開始

> 裁判所は，当事者が遠隔の地に居住しているときその他相当と認めるときは，当事者の意見を聴いて，事件を書面による準備手続（当事者の出頭なしに準備書面の提出等により争点及び証拠の整理をする手続をいう。以下同じ。）に付することができる。　　　　　　　　　　　　　　　　　　（法175条）

(3)　証明すべき事実の確認

> 裁判所は，書面による準備手続の終結後の口頭弁論の期日において，その後の証拠調べによって証明すべき事実を当事者との間で確認するものとする。
> 　　　　　　　　　　　　　　　　　　　　　　　　　　　　　（法177条）

(4)　書面による準備手続終結後の攻撃防御方法の提出

> 書面による準備手続を終結した事件について，口頭弁論の期日において，第176条第4項において準用する第165条第2項の書面に記載した事項の陳述がされ，又は前条の規定による確認がされた後に攻撃又は防御の方法を提出した当事者は，相手方の求めがあるときは，相手方に対し，その陳述又は確認前にこれを提出することができなかった理由を説明しなければならない。（法178条）

5　準備書面
準備書面については後述する。(82頁)

6　当事者照会
(1)　当事者照会の意義
当事者照会は，当事者が訴訟の係属中，相手方に対し，主張又は立証を準備するために必要な事項について，相当の期間を定めて，書面で回答するよう，書面で照会をする制度である。

> 当事者は，訴訟の係属中，相手方に対し，主張又は立証を準備するために必要な事項について，相当の期間を定めて，書面で回答するよう，書面で照会をすることができる。ただし，その照会が次の各号のいずれかに該当するときは，この限りでない。
> 一　具体的又は個別的でない照会
> 二　相手方を侮辱し，又は困惑させる照会
> 三　既にした照会と重複する照会
> 四　意見を求める照会
> 五　相手方が回答するために不相当な費用又は時間を要する照会

> 六　第196条又は第197条の規定により証言を拒絶することができる事項と同様
> の事項についての照会　　　　　　　　　　　　　　　　　　　（法163条）

(2)　除外事由

　　法163条ただし書は，当事者照会制度の濫用防止の見地から，6項目の除
　外事由を定めている。

(3)　当事者照会の方法

　ア　照会及び回答の方法

> 　法第163条（当事者照会）の規定による照会及びこれに対する回答は，照会
> 書及び回答書を相手方に送付してする。この場合において，相手方に代理人が
> あるときは，照会書は，当該代理人に対し送付するものとする。
> 　　　　　　　　　　　　　　　　　　　　　　　　　　　（規則84条1項）

　イ　照会書の記載事項

> 　前項の照会書には，次に掲げる事項を記載し，当事者又は代理人が記名押印
> するものとする。
> 一　当事者及び代理人の氏名
> 二　事件の表示
> 三　訴訟の係属する裁判所の表示
> 四　年月日
> 五　照会をする事項及びその必要性
> 六　法第163条の規定により照会をする旨
> 七　回答すべき期間
> 八　照会をする者の住所，郵便番号及びファクシミリの番号　　（同条2項）

　ウ　回答書の記載事項

> 　第1項の回答書には，前項第1号から第4号までに掲げる事項及び照会事項
> に対する回答を記載し，当事者又は代理人が記名押印するものとする。この場
> 合において，照会事項中に法第163条各号に掲げる照会に該当することを理由
> としてその回答を拒絶するものがあるときは，その条項をも記載するものとす
> る。
> 　　　　　　　　　　　　　　　　　　　　　　　　　　　（同条3項）

　エ　照会事項及び照会事項に対する回答の記載の仕方

> 照会事項は，項目を分けて記載するものとし，照会事項に対する回答は，できる限り，照会事項の項目に対応させて，かつ，具体的に記載するものとする。
>
> (同条4項)

第2　口頭弁論期日

1　期日の指定，変更，延期及び続行

(1)　期日の指定

期日の指定とは，裁判機関が口頭弁論期日などの期日を定めることである。

> 期日は，申立てにより又は職権で，裁判長が指定する。　　（法93条1項）
> 期日は，やむを得ない場合に限り，日曜日その他の一般の休日に指定することができる。　　　　　　　　　　　　　　　　　　　　　　　　　　（同条2項）

(2)　期日の変更

期日の変更とは，期日の開始前にその期日の指定を取り消し，新たな期日を指定することである。

ア　期日の変更の要件

> 口頭弁論及び弁論準備手続の期日の変更は，顕著な事由がある場合に限り許す。ただし，最初の期日の変更は，当事者の合意がある場合にも許す。
>
> (同条3項)

イ　弁論準備手続を経た口頭弁論期日

> 前項の規定にかかわらず，弁論準備手続を経た口頭弁論の期日の変更は，やむを得ない事由がある場合でなければ，許すことができない。　　（同条4項）

(3)　期日の延期

期日の延期とは，期日を開始したが口頭弁論をなさずにその期日を終了して次回期日を指定することである。

(4)　期日の続行

期日の続行とは，期日を開始し口頭弁論を実施してさらに次回期日を指定することである。

2　口頭弁論期日の開始

> 口頭弁論の期日は，事件の呼上げによって開始する。　　（規則62条）

　　実務では，事件の呼上げは裁判所書記官又は事務官によって行われている。

第3　訴訟指揮権
1　訴訟指揮権
(1)　訴訟指揮権の意義
　　訴訟指揮権とは，民事訴訟手続を適法かつ効率的に進行させるために，裁判所又は裁判官が適切な措置をとることができる権限である。

　　法148条は，訴訟指揮権のうち，口頭弁論期日における手続の進行についての訴訟指揮権である**弁論指揮権**について定めている。弁論指揮の例としては，弁論における発言の順序や証拠調べの順序を定めること等がある。

(2)　弁論指揮権の主体

口頭弁論は，裁判長が指揮する。　　　　　　　　　　　　　（法148条1項）

(3)　弁論指揮権の内容

裁判長は，発言を許し，又はその命令に従わない者の発言を禁ずることができる。　　　　　　　　　　　　　　　　　　　　　　　　　　　（同条2項）

　　2項の発言禁止命令は，当該口頭弁論期日においてのみ効力を有する。

(4)　訴訟指揮権についての裁判例
　　ア　文書提出命令によって提出された文書の閲覧，謄写
　　　東京地決平10・7・31（判時1658号178頁，判タ992号274頁）は，文書提出命令によって提出された文書につき，営業秘密が不必要に開示されることを避けるため，当該文書の閲覧，謄写の方法を，裁判所の訴訟指揮権に基づいて定めた事例である。

　　イ　裁判官の訴訟指揮と国家賠償
　　　東京地判平5・9・20（判時1490号103頁，判タ865号162頁）は，「裁判官の訴訟指揮権は，その職務行為が，裁判官の職務権限の行使として著しく不当，不法で，合理性のないことが明らかな場合に限って国家賠償法上違法となる。」としている。

(5)　法廷における写真の撮影等の制限

法廷における写真の撮影，速記，録音，録画又は放送は，裁判長の許可を得なければすることができない。　　　　　　　　　　　　　　　　（規則77条）

　　ここで「法廷」とは，裁判所法71条，法廷等の秩序維持に関する法律2条

の「法廷」と同様，時間的には，開廷中及びこれに接着する前後の時期を含み，場所的には，法廷及びその廊下，窓外等で，裁判所又は裁判官が，五官の働きによって直接に知り得る場所を含むものと解される。(条解規則169頁)

2　訴訟指揮に関する裁判の取消し

訴訟の指揮に関する決定及び命令は，いつでも取り消すことができる。

(法120条)

訴訟の指揮に関する決定及び命令とは，釈明権の行使，弁論の分離・併合，口頭弁論期日等の指定，証拠決定，弁論の終結等である。

3　訴訟指揮等に対する異議

当事者が，口頭弁論の指揮に関する裁判長の命令又は前条第1項若しくは第2項の規定による裁判長若しくは陪席裁判官の処置に対し，異議を述べたときは，裁判所は，決定で，その異議について裁判をする。　　　　　(法150条)

(1)　法150条の適用範囲

本条は，合議体による審理の場合のみ適用される。単独体による審理の場合には適用がない。単独裁判官の訴訟指揮等に対する不服は，終局判決とともに上訴による救済をまつことになる。

(2)　訴訟指揮に対する不服申立てについての裁判例

東京高決昭47・12・12（判時693号44頁）は，単独裁判官の訴訟指揮に対する不服申立てとしてなされた抗告を，不適法として却下している。

第4　計画審理

平成15年の民事訴訟法の一部改正（同年法律第108号）により，計画審理（計画的な審理）に関する規定が新設された。

計画審理とは，手続の早い段階で，裁判所と当事者が協議をし，これに基づいて，審理の終期を見通した審理の計画を立て，これに従って審理を実施する審理方式をいう。

1　訴訟手続の計画的進行

裁判所及び当事者は，適正かつ迅速な審理の実現のため，訴訟手続の計画的な進行を図らなければならない。　　　　　(法147条の2)

2　審理の計画

(1)　審理計画の策定

裁判所は，審理すべき事項が多数であり又は錯そうしているなど事件が複雑であることその他の事情によりその適正かつ迅速な審理を行うため必要があると認められるときは，当事者双方と協議をし，その結果を踏まえて審理の計画を定めなければならない。　　　　　　　　　　　　　　　　（法147条の3第1項）

(2)　審理計画の内容

ア　必要的計画事項

前項の審理の計画においては，次に掲げる事項を定めなければならない。
一　争点及び証拠の整理を行う期間
二　証人及び当事者本人の尋問を行う期間
三　口頭弁論の終結及び判決の言渡しの予定時期　　　　　（同第2項）

イ　特定計画事項

第1項の審理の計画においては，前項各号に掲げる事項のほか，特定の事項についての攻撃又は防御の方法を提出すべき期間その他の訴訟手続の計画的な進行上必要な事項を定めることができる。　　　　　　　　　　（同第3項）

(3)　審理計画の変更

裁判所は，審理の現状及び当事者の訴訟追行の状況その他の事情を考慮して必要があると認めるときは，当事者双方と協議をし，その結果を踏まえて第1項の審理の計画を変更することができる。　　　　　　　　　　（同第4項）

3　審理の計画が定められている場合の攻撃防御方法の提出期間

第147条の3第1項の審理の計画に従った訴訟手続の進行上必要があると認めるときは，裁判長は，当事者の意見を聴いて，特定の事項についての攻撃又は防御の方法を提出すべき期間を定めることができる。　　　　（法156条の2）

4　審理の計画が定められている場合の攻撃防御方法の却下

> 第147条の３第３項又は第156条の２（第170条第５項において準用する場合を含む。）の規定により特定の事項についての攻撃又は防御の方法を提出すべき期間が定められている場合において，当事者がその期間の経過後に提出した攻撃又は防御の方法については，これにより審理の計画に従った訴訟手続の進行に著しい支障を生ずるおそれがあると認めたときは，裁判所は，申立てにより又は職権で，却下の決定をすることができる。ただし，その当事者がその期間内に当該攻撃又は防御の方法を提出することができなかったことについて相当の理由があることを疎明したときは，この限りでない。　　　（法157条の２）

第5　口頭弁論の実施

1　弁論主義

(1)　弁論主義の意義

弁論主義とは，裁判の基礎となる事実と証拠の収集・提出を当事者の権限及び責任とする原則である。（前記第１章第４の１，34頁）

民訴法において弁論主義を直接宣言した規定は見あたらず，第２テーゼ（自白テーゼ）に関して179条，159条１項の規定があるのみである。

(2)　弁論主義の根拠

ア　**本質説**（私的自治説）

弁論主義は，私的利益に関する事項は当事者の自由な処分に任せるべきであるとの私的自治の現れであり，その根拠は，紛争解決における当事者意思の尊重にあるとする。通説的見解とされている。

イ　**手段説**

弁論主義を，真実発見のための便宜的技術的見地から認められた１つの手段であるとする。

(3)　弁論主義の内容

ア　**弁論主義の第１テーゼ**（主張責任テーゼ，These）

裁判の基礎となる事実は，原則として当事者が口頭弁論において主張したものに限られる。

弁論主義の第１テーゼが適用される事実とは，主要事実であり，間接事実は含まれない。

【判例㉓】主要事実が弁論に現われている場合には，証拠調の結果から認められる間接事実は当事者からの主張がなくとも判決の基礎に採用できる。（最３

小判昭37・3・27裁判集民59号609頁）

　　(ｱ)　過失相殺

　　　　過失相殺については，当事者の主張がなくても，裁判所が職権で斟酌することができる。

　　　a　不法行為における過失相殺

【判例㉔】民法722条による過失相殺において，裁判所は訴訟にあらわれた資料にもとづき被害者に過失があると認めるべき場合には，賠償額を判定するについて職権をもってこれをしんしゃくすることができると解すべきであって，賠償義務者から過失相殺の主張のあることを要しない。したがって，これと異なり，過失相殺にもいわゆる弁論主義の適用があることを主張する論旨は，失当として排斥を免れない。（最3小判昭41・6・21民集20巻5号1078頁，判時454号39頁，判タ194号83頁）

　　　b　債務不履行における過失相殺

　　　　過失相殺の基礎となる債権者の過失となるべき事実については，弁論主義が適用される。

【判例㉕】民法418条による過失相殺は，債務者の主張がなくても，裁判所が職権ですることができるが，債権者の過失となるべき事実については，債務者において立証責任を負う。（最3小判昭43・12・24民集22巻13号3454頁，判時547号37頁，判タ230号170頁）

　　　　　ただし，訴訟実務上は，債務者が，債権者の過失を構成する事実を主張し，かつ，抗弁として過失相殺の主張をしている。

　　(ｲ)　事実の同一性

　　　　弁論主義は，当事者によって主張される事実と裁判所によって認定される事実の同一性を要求する。（後記199頁）

【判例㉖】原告が賃借人の用法義務違反の債務不履行を理由とする契約解除の主張をしている場合に，裁判所が借家法1条ノ2の正当事由に基づく解約申入れ及び正当事由の存在を認めて原告の家屋明渡請求を認定することは，右主張と認定との間に事実において同一性があるとはいえず，狭義の弁論主義に違背することとなり許されない。（最3小判昭52・5・27裁判集民120号607頁，金融商事548号42頁）

　イ　弁論主義の第2テーゼ（自白テーゼ）

　　　当事者間に争いのない事実（自白された事実）については，裁判所はこれに反する認定はできず，そのまま裁判の基礎としなければならない。

　　　弁論主義の第2テーゼが適用される事実も，主要事実であり，間接事実

は含まれない。

　　ウ　**弁論主義の第3テーゼ**（職権証拠調べ禁止テーゼ）

　　　事実の存否について，裁判所が認定を行う場合には，当事者の提出した証拠によらなければならない。したがって，裁判所が職権で証拠調べを行うことは，原則として禁じられる。

2　釈明権

（1）　釈明権

　裁判長は，口頭弁論の期日又は期日外において，訴訟関係を明瞭にするため，事実上及び法律上の事項に関し，当事者に対して問いを発し，又は立証を促すことができる。　　　　　　　　　　　　　　　　　　　　（法149条1項）

　陪席裁判官は，裁判長に告げて，前項に規定する処置をすることができる。

　　　　　　　　　　　　　　　　　　　　　　　　　　　　　　　（同条2項）

　当事者は，口頭弁論の期日又は期日外において，裁判長に対して必要な発問を求めることができる。　　　　　　　　　　　　　　　　　　　（同条3項）

　　ア　釈明権の意義

　　　釈明権とは，当事者の申立て，主張，立証に不明瞭，矛盾，不十分な点がある場合などに，訴訟関係を明瞭にするため，事実上，法律上の事項について，当事者に対し質問したり，主張や立証を促す裁判所の権能をいう。

　　イ　釈明の分類

　　　釈明の分類については，消極的釈明と積極的釈明に分類する考え方が最も有力である。

　　(ア)　消極的釈明

　　　消極的釈明とは，当事者が一定の申立てや主張をしているが，それに内容面での不明瞭，矛盾，手続的な瑕疵がある場合に，それを問いただすために行われる補充的釈明をいう。

　　(イ)　積極的釈明

　　　積極的釈明とは，当事者のした申立てや主張が当該事案について不当又は不適当である場合や，当事者が適当な申立てや主張をしない場合に，裁判所が積極的に指摘して申立てや主張をさせる是正的釈明をいう。

　　　積極的釈明の場合の釈明権の行使は，一方当事者に有利で他方当事者には不利な結果をもたらすことがある。

　　ウ　釈明の目的

　　　釈明は，弁論主義（前記69頁）の形式的適用によって生じうる不都合を

是正することを目的とし，その意味で弁論主義の補充であると解するのが通説である。

　　釈明の内容が別個の請求原因にわたる結果となる場合（積極的釈明）であっても，釈明権の行使が許される場合がある。

【判例㉗】釈明の制度は，弁論主義の形式的な適用による不合理を修正し，訴訟関係を明らかにし，できるだけ事案の真相をきわめることによって，当事者間における紛争の真の解決をはかることを目的として設けられたものであるから，原告の申立に対応する請求原因として主張された事実関係とこれに基づく法律構成とがそれ自体正当ではあるが，証拠資料により認定される事実関係との間に喰い違いがあってその申立を認容することができないと判断される場合においても，その訴訟の経過やすでに明らかになった訴訟資料，証拠資料からみて別個の法律構成に基づく事実関係が主張されるならば原告の申立を認容することができ，当事者間における紛争の根本的解決が期待できるにかかわらず，原告においてその主張をせず，かつ，主張しないことが明らかに原告の誤解または不注意に基づくものと認められるようなときは，裁判所は，その釈明の内容が別個の請求原因にわたる結果となる場合でも，その権能として，原告に対しその主張の趣旨とするところを釈明し，場合によっては発問の形式によって具体的な法律構成を示唆して真意を確かめることも許される。（最1小判昭45・6・11民集24巻6号516頁，判時597号92頁，判タ251号181頁）

　　釈明権行使の範囲として，当事者の事実上，法律上の陳述や申立に不明瞭，矛盾，誤謬，欠缺がある場合，不適当なものがある場合にこれに注意を促がして是正の機会を与え，証拠方法の提出を促がすことができることには異論がないし，当事者が提出した準備書面を陳述しないとき，陳述の意思を確め，すでになされた陳述や提出された証拠方法から当事者にある主張をする意思が推認される場合に，これを指摘してその主張を促がすことが許されることも，判例，通説の認めるところとされる。（判例解説昭和45年度295頁）

　エ　求問権

　　　当事者は，期日又は期日外において，裁判長に対して相手方当事者に対する発問を求めることができ，この当事者の権利は，**求問権**と呼ばれる。

(2)　期日外釈明

ア　期日外釈明の手続

> 裁判長又は陪席裁判官が，口頭弁論の期日外において，攻撃又は防御の方法に重要な変更を生じ得る事項について第1項又は第2項の規定による処置をしたときは，その内容を相手方に通知しなければならない。　（法149条4項）

期日外で一方当事者に対して釈明をすることは，相手方当事者に対して釈明の内容が通知されるなどの適切な処置がとられない限り，双方審尋主義に反することになる。そのため，法149条4項において，釈明が攻撃防御方法に重要な変更を生じ得る事項に関するものである場合には，釈明の内容を相手方に通知しなければならないこととされた。

イ　期日外釈明の方法

> 裁判長又は陪席裁判官は，口頭弁論の期日外において，法第149条（釈明権等）第1項又は第2項の規定による釈明のための処置をする場合には，裁判所書記官に命じて行わせることができる。　（規則63条1項）

ウ　釈明内容の記録化

> 裁判長又は陪席裁判官が，口頭弁論の期日外において，攻撃又は防御の方法に重要な変更を生じ得る事項について前項の処置をしたときは，裁判所書記官は，その内容を訴訟記録上明らかにしなければならない。　（同条2項）

規則63条2項については，釈明の内容を訴訟記録上明らかにするかどうかは，裁判所内部の事務処理の細目に関する事項であり，仮にこれに違反したとしても釈明自体が違法になるわけではない。（条解規則138頁）

(3) 釈明権行使の範囲

ア　**釈明義務**

法149条1項は，釈明権だけではなく，釈明義務をも定めていると解するのが判例（大判明44・6・9民録17輯386頁）・通説である。

裁判所には，一定の範囲では釈明義務が課され，その行使を怠った場合には違法となる。

イ　釈明義務についての判例

裁判所にはどのような場合に釈明義務が課されるのであろうか。当事者の訴訟行為は，申立て（請求），主張，立証に分類される。この分類にしたがって，釈明義務についての最高裁の判例を整理しておく。

(ア)　請求についての釈明

a　確認訴訟における即時確定の利益

　　　　　過去の売買の無効確認請求は，通常は，現在の所有権存否確認請求
　　　　の趣旨と解されるから，請求の趣旨について釈明をすべきである。
【判例㉘】確認訴訟は，現在の権利または法律関係の確認を求め，かつ，これにつ
　　　　き即時確定の利益がある場合にのみ許されるべきであるから，過去の法律
　　　　関係である売買契約の無効確認請求については，即時確定の利益があると
　　　　はいいがたい。原告としては，確認の訴を提起するためには，右売買契約
　　　　の無効の結果生ずべき現在の権利または法律関係について直接に確認を求
　　　　めるべきである。もっとも，売買無効確認請求を原告の主張するところに
　　　　照らせば，現在の権利または法律関係についてその確認を求める趣旨がう
　　　　かがえるときは，その請求の趣旨を釈明すべきである。（最3小判昭41・
　　　　4・12民集20巻4号560頁，判時447号58頁，判タ191号75頁）
　　　　b　可分給付についての請求
　　　　　　1個の可分給付について複数の債権者がある場合において，別段の
　　　　　意思表示がないときは，民法427条により，分割債権関係を生じ，各
　　　　　債権者の債権の割合は平等となる。複数の原告が，請求の趣旨で可分
　　　　　給付の合計額の支払いを求めている場合には，請求の趣旨について釈
　　　　　明をすべき場合がある。
【判例㉙】異なる金額の各支払を求めうる債権を有する原告両名が請求の趣旨で右
　　　　金額の合計額の支払を求めている場合において，請求の原因，弁論の全趣
　　　　旨等に照らし，原告らの真意が右各金額の支払を求めることにあるとうか
　　　　がわれる事実関係のもとにおいては，右請求の趣旨につき釈明を求めるこ
　　　　となく，原告らが右合計額の2分の1ずつの金額の各支払を求める申立を
　　　　していているとすることには，釈明権不行使の違法がある。（最2小判昭58・
　　　　10・28裁判集民140号239頁，判時1104号67頁，判タ516号108頁）
　　　㈗　主張についての釈明
　　　　　　裁判所は，当事者の法的主張に誤りがあるか主張自体が不明瞭な場合
　　　　には，主張の趣旨について釈明をすべきである。
　　　　　　なお，主張についての釈明のうち，時効の主張についての釈明に関し
　　　　ては，後記㈘（77頁）参照。
　　　　a　請求原因における条件付売買契約の主張
　　　　　　　所有権確認請求訴訟における請求原因の主張自体は未だ充分といえ
　　　　　ないが，条件付売買契約の主張の趣旨ととることができ，証拠上これ
　　　　　を裏付ける資料もある場合には，その主張の趣旨を釈明すべきである。
【判例㉚】当事者の主張が法律構成において欠けるところがある場合においても，

　その主張事実を合理的に解釈するならば，正当な主張として構成することができ，当事者の提出した資料のうちにもこれを裏付けうるものがあるときは，当事者にその主張の趣旨を明らかにさせたうえ，これに対する当事者双方の主張立証を尽くさせるべきであり，これをすることなく，請求を排斥することは，釈明権の行使について違法がある。（最3小判昭44・6・24民集23巻7号1156頁，判時564号49頁，判タ238号108頁）

　　釈明権の範囲ないし限界いかんについては，弁論主義との関係で議論も多く，判例・学説の態度にも，時代の変遷につれて変化がみられる。元来，裁判所のかかる権能または義務も，紛争解決および正義の実現という民事訴訟の目的に資するためにあるのであるから，その行使の範囲が，民事裁判のあるべき姿に関する考え方に従って異なるのは当然といえよう。すなわち，当事者主義を強調し，訴訟および証拠資料の収集に関する当事者の責任を重くみる立場に立てば，裁判所の事案解明の役割は受動的かつ消極的なものと考えられ易く，その点の不備に基づく当事者の不利益は，専ら当該当事者の不利益に帰するものということになろう。これに反して，真実に基づく正しい結論を重視する立場に立つときは，裁判所の後見的役割は強調され，釈明権の範囲は広く解されよう。(判例解説昭和44年度921頁)

　　b　相殺の抗弁における相殺適状の時期

　　　債権が時効により消滅したときでも，反対債権と時効消滅以前に相殺適状にあった場合には，民法508条により相殺が可能であるから，釈明をすべき場合がある。

【判例㉛】甲と乙が相互に振り出した約束手形の両手形債権が相殺適状にあったとの主張がある場合，裁判所は，釈明権を行使して相殺適状にあった時期等について主張立証を尽くさせたうえ相殺の抗弁を審判すべきであり，これをせずに直ちに相殺の抗弁を斥けたことは，釈明権不行使の違法となる。（最1小判昭51・6・17民集30巻6号592頁，判時825号45頁，判タ339号256頁）

　　c　占有権原の抗弁としての賃借権

　　　明渡請求訴訟において，被告が賃借していた旨の陳述をした場合には，占有権原の抗弁として賃借権を主張する趣旨であるかどうかを釈明すべきである。

【判例㉜】土地所有権に基づく土地明渡請求訴訟において，被告が抗弁として右土地の買受を主張するとともに，事情として右土地を買受の時まで長期にわたり賃借していた旨陳述し，原告も賃貸の事実を認めていたなどの訴訟の

経過があるにもかかわらず，右の売買の無効を判断しただけで，右の陳述の趣旨を釈明せず，占有権原の存否について審理を尽くさないで明渡認容の判決をしたのは，釈明権不行使及び審理不尽の違法がある。（最 3 小判昭55・7・15裁判集民130号237頁，判時979号52頁，判タ424号72頁）

(ウ)　立証についての釈明

　　立証についての釈明権の不行使が違法とされる場合がある。

　　a　損害額について

　　　不法行為又は債務不履行による損害の発生は認められるが，損害額が不明である場合，当事者が十分な証拠の申出をしないときには，立証を促すべきである。

【判例㉝】不法行為に基づく損害賠償請求の一部が認められる場合，損害額について審理すべきことは当然であり，従来の証拠のほかに，さらにあらたな証拠を必要とする場合には，これについて全く証拠方法のないことが明らかであるときを除き，裁判所は当該当事者にこれについての証拠方法の提出を促すことを要する。このような措置に出ることなく，漫然証拠がないとして請求を棄却することは，釈明権の行使を怠った違法がある。（最 2 小判昭39・6・26民集18巻 5 号954頁，判時378号20頁，判タ164号92頁）

　　b　立証の必要性について

　　　立証の必要性について当事者が誤解をしている場合には，釈明権を行使して立証を促すべきである。

【判例㉞】詐害行為取消請求訴訟において，原告が，原告の債務者に対する債権の存在について立証の必要がないものと誤解して立証をしない場合，裁判所は釈明権を行使して立証を促す必要があり，同債権の立証がないとして請求を棄却することは，その立証を促すべき釈明権の行使を怠った違法がある。（最 3 小判昭58・6・7 裁判集民139号89頁，判時1084号73頁，判タ502号92頁）

　　c　証拠の提出について

　　　証拠の提出について当事者が誤解をしていることが明らかな場合には，釈明権を行使して立証を促すべきである。

【判例㉟】売買代金請求に対する抗弁として主張する弁済の事実（債権の差押えに基づき第三債務者として弁済した事実）を立証する書証を提出したものと被告が誤解していることが明らかであるのに，弁済の主張に係る立証等について釈明権を行使することなく，被告の弁済の主張を排斥したのは，釈明権の行使を怠った違法がある。（最 1 小判平17・7・14裁判集民217号

399頁，判時1911号102頁，判タ1191号235頁）

　㈑　時効の主張についての釈明

　　a　取得時効の場合

【判例㊱】山林の不法伐採禁止を訴求された者が，伐採土地を約25年間継続して占有し手入れをしてきたとの主張をして不法伐採を争った場合に，右土地に対する時効取得の有無を問うことなく同人を敗訴させても，釈明権不行使の違法ありとすることはできない。（最2小判昭31・12・28民集10巻12号1639頁，判タ67号68頁）

　　b　消滅時効の場合

　　　前記（第2章第6の5⑴イ，53頁）のとおり，消滅時効の抗弁が権利抗弁であることから，時効期間の経過の事実については主張共通の原則が働くが，権利行使の意思表示の主張は，被告によってなされなければならない。

　　　(a)　釈明権を行使しない場合

【判例㊲】当事者が消滅時効を援用していない場合に，裁判所が右消滅時効を援用するか否かを確かめなかったからといって，釈明権不行使の違法があるとはいえない。（最1小判昭39・7・16裁判集民74号655頁，判タ165号73頁）

　　　(b)　釈明権を行使した場合の違法性

　　　　裁判所が当事者に対し，消滅時効を援用するか否かについて釈明を求めることが違法となるかどうかについては，東京高判昭60・12・19（東高民時報36巻10～12号190頁）は，「裁判所が当事者の一方に対し，消滅時効を援用するか否かにつき釈明を求めることについては弁論主義との関係で裁判所の釈明権の範囲をこえるかどうか議論がない訳ではないが，本件がいわゆる本人訴訟であって，不法行為後約9年4か月経過した後の訴え提起であることにかんがみると，裁判所が右のような釈明をしたとしても必ずしも違法となるものではなく，またそれによってなされた当事者の消滅時効を援用するとの主張が違法無効となるものではない。」としている。

　　　(c)　検討

　　　　釈明権の行使が違法ではないとしても，裁判の結果を直接左右してしまう消滅時効の釈明については，裁判所としては慎重であるべきであると考える。裁判所が釈明をするためには，少なくとも当事者の陳述の中に消滅時効の主張の手懸かりが含まれている

　　　　必要があると思われる。

　　　　　具体的には，消滅時効の抗弁は権利抗弁であるから（後記第6
　　　　の5⑷ウ，86頁），判決の基礎とするためには①「時効期間の
　　　　経過」と②「時効の援用」の主張が必要であるが，当事者の陳述
　　　　の中に基礎たる事実である「時効期間の経過」があらわれている
　　　　必要があると考えられる。
　　ウ　法的観点指摘義務
　　　㋐　法的観点指摘義務の意義
　　　　法的観点指摘義務（法律問題指摘義務）とは，裁判所が当事者の気付
　　　いていない法的観点に基づいて判断しようとする場合には，あらかじめ
　　　その法的観点を当事者に指摘して，意見陳述の機会を与えなければなら
　　　ないとするものである。
　　　　法的観点指摘義務は，釈明義務の一態様である。
　　　㋑　法的観点指摘義務の違反
　　　　公序良俗，権利濫用，信義則違反等の規範的要件（一般条項）につい
　　　ては，判決釈明（後記79頁）による不意打ちが生じやすいとされる。
　　　　規範的要件については，かつては，規範的評価自体が主要事実であ
　　　り，それを基礎付ける具体的事実は間接事実にすぎないとする見解（間
　　　接事実説）が有力であったが，現在では，規範的評価を基礎付ける具体
　　　的事実が主要事実であるとする見解（主要事実説）が有力である。
　　　　規範的評価（信義則違反等）が当事者から主張されていない場合に，
　　　裁判所が規範的評価に基づいて判決をすることは，当事者にとって不意
　　　打ちになる。
　　　　次の判例は，信義則違反に関する法的観点指摘義務の違反に基づく破
　　　棄と解することができる。
【判例㊲】原告と被告がともに主張していない法律構成である信義則違反の点につ
　　　いて，原告に主張するか否かを明らかにするよう促すとともに被告に十分
　　　な反論及び反証の機会を与える措置をとることなく，裁判所が信義則違反
　　　の法律構成を採用して判断したことは，釈明権の行使を怠った違法があ
　　　る。（最1小判平22・10・14裁判集民235号1頁，判時2098号55頁，判タ
　　　1337号105頁）
　⑷　釈明処分
　　ア　釈明処分の意義
　　　　釈明処分とは，口頭弁論期日又は期日外において釈明権を行使するのと

は別に，その準備又は補充として，事実関係や法律関係を明確にさせるために裁判所がする処分である。

　弁論準備手続においても，釈明処分に関する法151条が準用される（法170条5項）。

　イ　釈明処分の内容

　裁判所は，訴訟関係を明瞭にするため，次に掲げる処分をすることができる。

一　当事者本人又はその法定代理人に対し，口頭弁論の期日に出頭することを命ずること。

二　口頭弁論の期日において，当事者のため事務を処理し，又は補助する者で裁判所が相当と認めるものに陳述をさせること。

三　訴訟書類又は訴訟において引用した文書その他の物件で当事者の所持するものを提出させること。

四　当事者又は第三者の提出した文書その他の物件を裁判所に留め置くこと。

五　検証をし，又は鑑定を命ずること。

六　調査を嘱託すること。　　　　　　　　　　　　　　　　（法151条1項）

　釈明処分は，訴訟関係を明瞭にするための処分であって，争いのある事実を証拠により認定するための証拠調べとは異なる。

　ウ　釈明処分の手続

　前項に規定する検証，鑑定及び調査の嘱託については，証拠調べに関する規定を準用する。　　　　　　　　　　　　　　　　　　　　　　　　（同条2項）

---

(5)　判決による釈明

　判決による釈明（判決釈明）とは，判決作成の段階で，主張がなされているかどうか必ずしも明確でない場合に，黙示的に主張がされているとみたり，弁論の全趣旨から主張がされているとみたりして，主張事実を認定することをいう。

　主張の有無は，口頭弁論終結前に釈明によって明確にされなければならないから，判決による釈明は避けるべきである。

3　口頭弁論の併合等

> 裁判所は，口頭弁論の制限，分離若しくは併合を命じ，又はその命令を取り消すことができる。　　　　　　　　　　　　　　　　　　　（法152条1項）
>
> 裁判所は，当事者を異にする事件について口頭弁論の併合を命じた場合において，その前に尋問をした証人について，尋問の機会がなかった当事者が尋問の申出をしたときは，その尋問をしなければならない。　　　　　　（同条2項）

(1)　口頭弁論の分離

　　一つの訴えにおいて複数の請求がされている場合には，裁判所は，弁論を分離することができる。

(2)　口頭弁論の併合

　　同一裁判所に係属している数個の訴訟を同一手続で審理する場合には，裁判所は，弁論を併合することができる。

　　当事者が複数であるために請求が複数あるものを**主観的併合**，請求自体が複数あるものを**客観的併合**という。

(3)　併合前の証拠調べの結果

　　後記第4章第2の3（103頁）のとおり

第6　当事者の訴訟行為

1　攻撃防御方法の提出時期

> 攻撃又は防御の方法は，訴訟の進行状況に応じ適切な時期に提出しなければならない。　　　　　　　　　　　　　　　　　　　　　　　　　　（法156条）

(1)　攻撃防御方法の意義

　　攻撃防御方法とは，原告がその攻撃的申立てを，被告がその防御的申立てを支持し理由づけるためにする陳述や証拠申出をいう。

(2)　法156条の趣旨

　　法156条は，攻撃防御方法の提出時期について，**適時提出主義**を採用することを明らかにした規定である。

(3)　時機に後れた攻撃防御方法の却下等

　　ア　**時機に後れた攻撃防御方法**の却下

　　当事者が故意又は重大な過失により時機に後れて提出した攻撃又は防御の方法については，これにより訴訟の完結を遅延させることとなると認めたときは，裁判所は，申立てにより又は職権で，却下の決定をすることができる。

（法157条1項）

　　　　職権調査事項に関する当事者の主張については，法157条の適用がない。
【判例㊴】本条は，職権調査事項たる訴えの利益の欠缺の主張については，適用がない。（最1小判昭42・9・14民集21巻7号1807頁，判時502号34頁）
　　イ　趣旨不明瞭な攻撃防御方法の却下

　　攻撃又は防御の方法でその趣旨が明瞭でないものについて当事者が必要な釈明をせず，又は釈明をすべき期日に出頭しないときも，前項と同様とする。

（同条2項）

2　訴状等の陳述の擬制

　　原告又は被告が最初にすべき口頭弁論の期日に出頭せず，又は出頭したが本案の弁論をしないときは，裁判所は，その者が提出した訴状又は答弁書その他の準備書面に記載した事項を陳述したものとみなし，出頭した相手方に弁論をさせることができる。
（法158条）

　(1)　本条の趣旨

　　　本条は，当事者の一方が最初にすべき口頭弁論の期日に欠席した場合に，訴訟を進めるために，欠席者がそれまでに提出した書面に記載されている事項を陳述したものとみなし，出頭した当事者の弁論をあわせて，対席的弁論を擬制するものである。

　(2)　本案の弁論

　　　本条いう本案の弁論は，請求の当否に関する事実の主張（前記39頁，本案の主張）に限られず，訴訟要件の欠缺の主張（本案前の主張）を含む。

　　　口頭弁論期日の延期の申立ては含まれない。

3　自白の擬制

　(1)　自白の擬制

　　当事者が口頭弁論において相手方の主張した事実を争うことを明らかにしない場合には，その事実を自白したものとみなす。ただし，弁論の全趣旨により，その事実を争ったものと認めるべきときは，この限りでない。（法159条1項）

― 81 ―

当事者が口頭弁論で相手方の主張した事実を争うことを明らかにしないため当該事実を自白したものとみなすことを，**擬制自白**（自白の擬制）という。

(2)　不知の陳述

> 相手方の主張した事実を知らない旨の陳述をした者は，その事実を争ったものと推定する。
> (同条2項)

(3)　当事者欠席の場合

> 第1項の規定は，当事者が口頭弁論の期日に出頭しない場合について準用する。ただし，その当事者が公示送達による呼出しを受けたものであるときは，この限りでない。
> (同条3項)

4　準備書面

> 口頭弁論は，書面で準備しなければならない。　　　　　　(法161条1項)

(1)　準備書面の意義

　　準備書面とは，口頭弁論に先立って，口頭弁論における陳述の内容を相手方及び裁判所に予告するための書面をいう。

【判例㊵】単に口頭弁論終結後に提出されたにすぎない準備書面と題する書面は，民訴法161条（旧243条）にいわゆる準備書面に該当せず，これを相手方に送達する必要はない。（最1小判昭28・1・22民集7巻1号65頁，判タ28号46頁）

(2)　準備書面の提出時期

> 答弁書その他の準備書面は，これに記載した事項について相手方が準備をするのに必要な期間をおいて，裁判所に提出しなければならない。
> (規則79条1項)

(3)　準備書面の記載事項

> 準備書面には，次に掲げる事項を記載する。
> 一　攻撃又は防御の方法
> 二　相手方の請求及び攻撃又は防御の方法に対する陳述　　(法161条2項)

　　ア　攻撃又は防御の方法
　　　　前記1(1)（80頁）のとおり
　　イ　主要事実と間接事実の記載上の区別

> 　準備書面に事実についての主張を記載する場合には，できる限り，請求を理由づける事実，抗弁事実又は再抗弁事実についての主張とこれらに関連する事実についての主張とを区別して記載しなければならない。　　（規則79条 2 項）

　　ウ　相殺の抗弁に対する相殺の再抗弁の可否

　　　相殺の抗弁に対し相殺を再抗弁として主張することは許されない。

【判例㊶】被告による訴訟上の相殺の抗弁に対し原告が訴訟上の相殺を再抗弁として主張することは，不適法として許されないものと解するのが相当である。（最 1 小判平10・ 4 ・30民集52巻 3 号930頁，判時1637号 3 頁，判タ977号48頁）

　　　相殺の再抗弁が不適法となるのは，訴訟上の相殺の主張が仮定的性質を有するため，相殺の再抗弁が許されると，仮定の上に仮定が積み重ねられて当事者間の法律関係の不安定及び審理の錯雑を招くことになる等の理由による。

　　エ　否認の理由の記載

> 　準備書面において相手方の主張する事実を否認する場合には，その理由を記載しなければならない。　　　　　　　　　　　　　　　　　（同条 3 項）

　　　準備書面において相手方の主張する事実を否認する場合，単に事実の存在を否定する（**単純否認**）のではなく，否認する理由を記載しなければならない（**積極否認**，理由付き否認）。

　　オ　証拠の記載

> 　第 2 項に規定する場合には，立証を要する事由ごとに，証拠を記載しなければならない。　　　　　　　　　　　　　　　　　　　　　　　（同条 4 項）

　(4)　主張制限

> 　相手方が在廷していない口頭弁論においては，準備書面（相手方に送達されたもの又は相手方からその準備書面を受領した旨を記載した書面が提出されたものに限る。）に記載した事実でなければ，主張することができない。
>
> 　　　　　　　　　　　　　　　　　　　　　　　　　　　（法161条 3 項）

　(5)　準備書面の直送

> 当事者は，準備書面について，第79条（準備書面）第 1 項の期間をおいて，直送をしなければならない。
>
> （規則83条）

 (6)　準備書面の陳述

  準備書面に記載した事項は，口頭弁論期日において当事者が陳述してはじめて訴訟資料になる。

【判例㊷】準備書面記載の事項を「事情として述べる」旨陳述したときは，当該記載事項を訴訟資料にしない趣旨に解すべきである。（最 2 小判昭41・6・3 裁判集民83号705頁，判時454号38頁，判タ195号73頁）

 5　答弁書

 (1)　答弁書の意義

  答弁書とは，被告が最初に提出する準備書面で，請求の趣旨に対する答弁等を記載したものである。

 (2)　答弁書の記載事項

> 答弁書には，請求の趣旨に対する答弁を記載するほか，訴状に記載された事実に対する認否及び抗弁事実を具体的に記載し，かつ，立証を要する事由ごとに，当該事実に関連する事実で重要なもの及び証拠を記載しなければならない。やむを得ない事由によりこれらを記載することができない場合には，答弁書の提出後速やかに，これらを記載した準備書面を提出しなければならない。
>
> （規則80条 1 項）

  ア　請求の趣旨に対する答弁

   請求の趣旨に対する答弁とは，原告の請求に対する被告の応答である。

  イ　答弁の記載

  (ｱ)　請求に理由がないとして請求の棄却を求める場合

   「原告の請求を棄却する。」

  (ｲ)　訴訟要件が欠缺しているとして訴えの却下を求める場合

   「原告の訴えを却下する。」

  ウ　訴状に記載された事実に対する認否

  (ｱ)　訴状に記載された事実

   訴状に記載された事実とは，請求を理由づける事実（主要事実）と当該事実に関連する事実で重要なもの（主要事実を推認させる重要な間接事実）である。（前記49頁）

【答弁書】

答　　弁　　書

令和○年○月○○日

東京地方裁判所民事第○○部　御中

被告訴訟代理人弁護士　○　○　○　○　印

第1　請求の趣旨に対する答弁
　1　原告の請求を棄却する。
　2　訴訟費用は原告の負担とする。
　との判決を求める。

第2　請求の原因に対する認否
　1　別紙「被告の主張」記載のとおり。
　2　請求の原因2項は争う。

以　　上

　　　(イ)　認否の記載

　　　　　認否は，「認める。」「不知（知らない。）」「否認する。」と記載する。

第53条（訴状の記載事項）第4項の規定は，答弁書について準用する。

（同条3項）

---

　　(3)　添付書類

　　答弁書には，立証を要する事由につき，重要な書証の写しを添付しなければ
ならない。やむを得ない事由により添付することができない場合には，答弁書
の提出後速やかに，これを提出しなければならない。　　　　　　（同条2項）

---

　　(4)　抗弁事実
　　　ア　抗弁
　　　　　抗弁とは，請求原因から発生する法律効果を排斥するために，被告が立
　　　　証責任を負う事実の主張である（実体法上の抗弁，狭義の抗弁）。
　　　　　抗弁の分類について後記第4章第2の1(6)イ（95頁）。
　　　イ　抗弁事実
　　　　　抗弁事実とは，原告の請求を理由づける事実と両立する事実で，原告の
　　　　請求権の発生を阻止し又はこれを消滅させる法律要件に該当する具体的事
　　　　実である。
　　　ウ　事実抗弁と権利抗弁
　　　　(ア)　事実抗弁
　　　　　　事実抗弁とは，事実の主張だけで抗弁となるものである。
　　　　　　事実抗弁の例としては，弁済の抗弁（民法473条）がある。
　　　　(イ)　権利抗弁
　　　　　　権利抗弁とは，形成権の行使を主張して抗弁とするものである。権利
　　　　　の発生，消滅の主要事実が弁論に出ていてもそれだけでは抗弁とはなら
　　　　　ず，当該訴訟において，権利者による権利行使の意思表示があってはじ
　　　　　めて抗弁として判決の基礎とすることができるものである（前記53頁）。
　　　　　　権利抗弁の例としては，相殺の抗弁（民法505条），同時履行の抗弁（同
　　　　　533条），留置権の抗弁（同295条），催告・検索の抗弁（同452・453条）
　　　　　等がある。
　　　エ　合体抗弁
　　　　　売買代金の債務不履行に基づく売買契約解除の主張に対し，代金の一部
　　　　は現金で弁済し，残りは代物弁済したというように，事実をあわせて主張

して一つの抗弁となる場合を**合体抗弁**ということがある。

オ　制限付自白と仮定的抗弁

　(ｱ)　制限付自白

　　　制限付自白とは，相手方の主張する主要事実を認めながら，新たな抗弁事実を提出するものである。抗弁は，制限付自白をともなうことになる。

　(ｲ)　仮定的抗弁

　　　仮定的抗弁（**予備的抗弁**）とは，相手方の主張を争いながら，相手方の主張が認められる場合に備えて予備的に抗弁を提出するものである。

カ　抗弁の判断順序

　　同一の目的をもつ数個の抗弁が提出された場合，各抗弁は防御方法として同格であり，裁判所はそのいずれを先に判断してもよいとされている。

　　ただし，相殺の抗弁は，他の抗弁が全て排斥された後に判断される。また，全部抗弁（請求の全部を排斥する抗弁）と一部抗弁（請求の一部を排斥する抗弁）があるときは，全部抗弁から先に判断しなければならない。

6　答弁に対する反論

　被告の答弁により反論を要することとなった場合には，原告は，速やかに，答弁書に記載された事実に対する認否及び再抗弁事実を具体的に記載し，かつ，立証を要することとなった事由ごとに，当該事実に関連する事実で重要なもの及び証拠を記載した準備書面を提出しなければならない。当該準備書面には，立証を要することとなった事由につき，重要な書証の写しを添付しなければならない。　　　　　　　　　　　　　　　　　　　　　　　　　　（規則81条）

　　再抗弁事実とは，被告の抗弁事実が存在しても，被告の抗弁による法律効果の発生を阻止し又はこれを消滅させる法律要件に該当する具体的事実である。

第4章 証拠調べ

第1 証拠
1 証拠の意義
(1) 証拠の意義

証拠とは，裁判所による事実認定のための資料である。

(2) 証拠方法

証拠方法とは，裁判官が判決の基礎資料を得るために，直接に五官の作用によって取り調べることのできる対象物である。

ア 書証

(ア) 書証の意義

書証とは，文書の意味内容を証拠資料とするための証拠調べの目的となる文書である。

(イ) 文書の意義

文書とは，文字その他の符号によって作成者の意思や認識を紙片等の有形物に表示したものである。

(ウ) 文書の種類

a 公文書と私文書

公文書とは，公務員がその権限に基づき職務上作成した文書である。

公文書のうち，公証人や裁判所書記官のような公証権限を有する公務員の作成したものを公正証書という。

私文書とは，公文書以外の文書である。

公文書と私文書が結合した文書は，公文書の部分は公文書，私文書の部分は私文書として扱う。

b 処分証書と報告文書

処分証書とは，意思表示その他の法律行為が記載されている文書である。

処分証書の例としては，行政処分書，判決書，手形，小切手，契約書，解約通知書，遺言書などがある。

報告文書とは，作成者の見聞，判断，感想，記憶等が記載されている文書である。

報告文書の例としては，登記簿，戸籍簿，調書，受領書，領収書，商業帳簿，日記，診断書，手紙，陳述書などがある。

処分証書と報告文書は，その証拠価値において差異を生じる。(後
記第2の4(2)，104頁)

　イ　物証

　　物証とは，文書，検証物をいう。

　ウ　人証

　　人証とは，証人，当事者本人及び鑑定人をいう。

(3)　本証と反証

　ア　本証

　　本証とは，立証責任を負う当事者の提出する証拠又は立証活動である。

　イ　反証

　　反証とは，立証責任を負わない相手方の提出する証拠又は立証活動である。

　ウ　間接反証

　　間接反証とは，いくつかの間接事実から，ある主要事実が強く推認される場合に，相手方が，それらの間接事実と両立する別の間接事実を立証することによって，主要事実の推認を妨げようとする立証活動である。(後記第10章第3の3(3)ウ(ア)，200頁)

　　間接反証は，その間接事実について，証明度(後記4(2)，92頁)に達する証明をしなければならない。

(4)　証拠資料

　　証拠資料とは，証拠調べによって，具体的な証拠方法から得られた内容(証言，当事者の供述，文書の内容，鑑定意見，検証結果)をいう。

(5)　証拠価値

　　証拠価値とは，証拠調べによって得られた証拠資料が，要証事実の認定にどの程度役立つかという証拠評価のことである。

2　証明の対象

訴訟において当事者が争った場合に認定を必要とする事実を**要証事実**という。要証事実には，次の3種類がある。

(1)　主要事実

　　主要事実は，権利の発生，変更，消滅といった法律効果を発生させる要件に該当する具体的な事実をいう。

　　例えば，売買代金請求訴訟では，売買契約の成立という主要事実(民法555条)が，売買代金請求権の発生という法律効果を発生させる。

(2)　間接事実

　　　　間接事実は，主要事実の存否を推認するのに役立つ事実をいう。

　　　　主要事実を証拠によって直接認定することが困難又は不可能であるとき
　　に，経験則を適用することにより主要事実を推認させるものである。

　　　　例えば，売買代金請求訴訟では，（売買契約の時以降）被告が目的物を所
　　持していた事実が，売買契約の締結という主要事実を推認させる間接事実と
　　なる。（後記第10章第 3 の 3 (3)イ，200頁）

　(3)　補助事実

　　　　補助事実は，証拠能力や証明力に影響を与える事実をいう。補助事実は，
　　間接事実の一種であり，証拠の証拠能力や証拠価値を明らかにするために必
　　要な限度で証明の対象となる。

　3　**証明することを要しない事実**

　裁判所において当事者が自白した事実及び顕著な事実は，証明することを要
しない。　　　　　　　　　　　　　　　　　　　　　　　　　　　（法179条）

---

　(1)　自白

　　ア　裁判上の自白

　　　(ア)　裁判上の自白の意義

　　　　　裁判上の自白とは，当事者が口頭弁論期日等において，相手方の主張
　　　　する自己に不利益な事実を認める陳述をいう。

　　　　　自己に不利益な事実とは，相手方が証明責任を負う事実である。

　　　(イ)　裁判上の自白の成立要件

　　　　a　事実についての陳述であること

　　　　b　口頭弁論等における弁論としての陳述であること

　　　　c　相手方の主張との一致があること

　　　　d　自己に不利益な事実についての陳述であること

　　　(ウ)　間接事実についての自白

　　　　　間接事実についての自白は，裁判所及び当事者を拘束しない。

【判例㊸】間接事実についての自白は，裁判所を拘束しないのはもちろん，自白し
　　　　た当事者を拘束するものでもない。（最 1 小判昭41・9・22民集20巻 7 号
　　　　1392頁，判時464号29頁，判タ198号129頁）

　　　　　　間接事実についての自白が裁判所を拘束しないのは，主要事実の認定
　　　　　が裁判所の自由心証に委ねられていることによる。（後記194頁）

　　　(エ)　書証の成立の真正についての自白

　　　　　補助事実の一種である書証の成立の真正についての自白は，裁判所を

拘束しないとするのが判例・通説である。

【判例㊹】書証の成立の真正についての自白は，裁判所を拘束しない。（最2小判昭52・4・15民集31巻3号371頁，判時857号75頁，判タ352号180頁）

　　(オ)　権利自白

　　　権利自白とは，請求の当否の判断の前提をなす権利関係を認める陳述をいう。

　　　例えば，所有権に基づく返還請求において，原告の所有権を認める被告の陳述である。

　　　権利自白が成立すると，相手方はその権利関係を基礎づける事実を主張する必要がなくなる。

　イ　裁判外の自白

　　裁判外の自白とは，裁判外で相手方又は第三者に対してなされる自白をいう。

　　裁判外の自白は，自白事実が真実であることを推認させる間接事実であるにすぎず，自白の拘束力が生じるわけではない。

　ウ　当事者尋問における陳述

　　当事者尋問において相手方の主張する事実を認める陳述をしても，それは証拠資料としての陳述であり，自白とはならない。

　(2)　顕著な事実

　ア　顕著な事実の意義

　　顕著な事実とは，公知の事実と職務上知り得た事実の両者を総称したものである。

【判例㊺】ある事実が顕著であるかどうかは，裁判所の判断すべき事実問題である。（最2小判昭25・7・14民集4巻8号353頁，判タ4号45頁）

　　(ア)　公知の事実

　　　公知の事実とは，通常の知識経験を有する一般人が信じて疑わない程度に知れわたっている事実をいう。

　　(イ)　職務上知り得た事実

　　　職務上知り得た事実とは，裁判所がその職務を遂行するにあたって，又はこれと関連して知ることができた事実であって，明確な記憶をもつものをいう。

　イ　顕著な事実の例

　　他の事件につき裁判官が自ら下した判決，他の裁判所のした競売開始決定・破産手続開始決定などがある。

4　証拠による事実認定

(1)　証明

ア　証明

　　証明とは，事実，経験則などを証拠により明らかにすることである。

イ　訴訟上の証明

　　訴訟上の証明は，自然科学的な論理的証明ではなく，いわゆる歴史的証明である。

(2)　証明度

　　裁判所が，どの程度まで証明がなされていれば主張されている事実を真実と認めてよいかという程度のことを，証明度という。

　　民事訴訟における証明度としては，高度の蓋然性を必要とする。

【判例㊻】訴訟上の因果関係の立証は，一点の疑義も許されない自然科学的証明ではなく，経験則に照らして全証拠を総合検討し，特定の事実が特定の結果発生を招来した関係を是認しうる高度の蓋然性を証明することであり，その判定は，通常人が疑いを差し挟まない程度に真実性の確信を持ちうるものであることを必要とし，かつそれで足りる。（最2小判昭50・10・24民集29巻9号1417頁，判時792号3頁，判タ328号132頁）

　　　　この確立した判例理論は，その後の判例においても確認されている。

【判例㊼】訴訟上の因果関係の立証は，一点の疑義も許されない自然科学的証明ではないが，経験則に照らして全証拠を総合検討し，特定の事実が特定の結果発生を招来した関係を是認しうる高度の蓋然性を証明することであり，その判定は，通常人が疑いを差し挟まない程度に真実性の確信を持ちうるものであることを必要とすると解すべきである。（最3小判平12・7・18裁判集民198号529頁，判時1724号29頁，判タ1041号141頁）

第2　証拠調べ手続

1　証拠の申出等

(1)　証拠の申出

　　証拠の申出は，当事者が裁判所に対し特定の証拠方法の取調べを要求する訴訟行為で，攻撃防御方法（前記80頁）の一種である。

ア　証拠申出の方法

　　証拠の申出は，証明すべき事実を特定してしなければならない。

　　　　　　　　　　　　　　　　　　　　　　　　　　　　　（法180条1項）

　　　証明すべき事実とは，取調べを求める特定の証拠方法によって証明されるべき具体的事実であり，**立証事項**，立証命題，証明主題ともいわれる。

　イ　証拠申出の時期

> 証拠の申出は，期日前においてもすることができる。　　　　　（同条2項）

　ウ　証明すべき事実及びこれと証拠との関係の明示

> 証拠の申出は，証明すべき事実及びこれと証拠との関係を具体的に明示してしなければならない。　　　　　　　　　　　　　　　　（規則99条1項）

　　　証拠の申出においては，「証明すべき事実」，「証拠」及び「証明すべき事実と証拠との関係」を明らかにする必要があることになる。

　エ　証拠申出書の直送

> 第83条（準備書面の直送）の規定は，証拠の申出を記載した書面についても適用する。　　　　　　　　　　　　　　　　　　　　　　（同条2項）

(2)　書証の申出

> 書証の申出は，文書を提出し，又は文書の所持者にその提出を命ずることを申し立ててしなけらばならない。　　　　　　　　　　　　　　（法219条）

　ア　書証の写しの提出等

> 文書を提出して書証の申出をするときは，当該申出をする時までに，その写し2通を提出するとともに，文書の記載から明らかな場合を除き，文書の標目，作成者及び立証趣旨を明らかにした証拠説明書2通を提出しなければならない。ただし，やむを得ない事由があるときは，裁判長の定める期間内に提出すれば足りる。　　　　　　　　　　　　　　　　　　（規則137条1項）

　イ　文書の写し等の直送

> 前項の申出をする当事者は，相手方に送付すべき文書の写し及びその文書に係る証拠説明書について直送をすることができる。　　　　　（同条2項）

　ウ　文書の提出等の方法

> 文書の提出又は送付は，原本，正本又は認証のある謄本でしなければならない。　　　　　　　　　　　　　　　　　　　　　　　　　（規則143条１項）
>
> 　裁判所は，前項の規定にかかわらず，原本の提出を命じ，又は送付をさせることができる。　　　　　　　　　　　　　　　　　　　　　（同条２項）

　　文書の提出は，原本等でしなければならない。

【判例㊽】文書の写しを提出してする書証の申出は，原則として不適法である。（最２小判昭35・12・９民集14巻13号3020頁）

　エ　文書の原本によらない証拠調べ

　　文書の原本によらない証拠調べとして次の方法がある。

　　㈠　原本の提出に代えて写しを提出する場合

　　　原本の提出に代えて写しが提出され，原本の存在と成立の真正について争いがなく，相手方が，原本の提出に代えて写しを提出することに異議がないときは，文書の提出があったものと扱ってよい。

　　㈡　写し自体を原本とする場合

　　　写し自体を原本（「真の原本」ではなく「手続上の原本」である。）として，証拠調べの対象とする場合である。法や規則に直接の根拠はないが，実務において行われている。

　　　東京地判平２・10・５（判時1364号３頁，判タ759号173頁）は，「証拠調べの対象となる文書を原本でなく写しそれ自体とする趣旨のもとに，写しそれ自体を提出して書証の申出をすることは，当然に許容される。」としている。

　(3)　文書の証拠能力

　　文書の**証拠能力**とは，文書が証拠方法として用いられる資格をいう。民事訴訟では，原則として証拠能力は制限されない。

【判例㊾】訴訟提起後に当事者自身が係争事実に関して作成した文書であっても，証拠能力を有する。（最２小判昭24・２・１民集３巻２号21頁）

　(4)　文書の形式的証拠力と実質的証拠力

　　ア　形式的証拠力

　　　形式的証拠力とは，文書が挙証者の主張する作成者の意思に基づいて作成されたもの（真正に成立した文書）であることである。

【判例㊿】書証の成立を認めるということは，ただその書証の作成名義人が真実作成したもので偽造のものではないということを認めるだけで，その書証に書いてあることが客観的に真実であるという事実を認めることではない。

（最3小判昭25・2・28民集4巻2号75頁）

イ　文書の成立を否認する場合における理由の明示

文書の成立を否認するときは，その理由を明らかにしなければならない。（規則145条）

本条は，文書の成立を否認する場合にも，事実の主張の積極否認と同様に，理由付きで行うことを義務付けることとしたものであり，これによって，理由を明らかにしない成立の否認や単なる不知との認否は，事実認定上大きな影響を及ぼさない（特段の立証を待たず書証の成立を認定する。）ことが，規定上も明確にされることとなった。（条解規則307頁）

弁論の全趣旨による文書の成立の真正の認定につき，後記第10章第3の2(3)イ(ア)（196頁）。

ウ　実質的証拠力

実質的証拠力とは，形式的証拠力の認められた文書が，要証事実の証明に役立つ度合いである。

(5)　文書の提出

文書の提出とは，文書を口頭弁論で顕出することである。

【判例(51)】当事者が自ら所持する書証は，口頭弁論期日にこれを提出して，証拠調の申出をすべきものである。当事者が文書の原本を裁判所に郵送するだけでは，書証の提出とはいえない。（最2小判昭37・9・21民集16巻9号2052頁，判時316号17頁，判タ138号54頁）

(6)　証拠抗弁

証拠抗弁の説明にあたって，民事訴訟における抗弁について整理をしておくことにする。

ア　抗弁の意義

抗弁は，防御方法の一種で，相手方当事者の申立て又は主張を排斥するために，これとは別個の事項を主張することをいう。（**広義の抗弁**）

イ　抗弁の分類

抗弁には，実体法の効果に関する実体法上の抗弁（**狭義の抗弁**，第3章第6の5(4)ア，86頁）と，実体法の効果に関しない**訴訟上の抗弁**がある。

<pre>
                    ┌ 実体法上の抗弁 ┌ 事実抗弁
                    │（狭義の抗弁）　└ 権利抗弁
抗弁（広義の抗弁）　 ┤
                    │ 訴 訟 上 の 抗 弁 ┌ 妨訴抗弁
                    └   └ 証拠抗弁
</pre>

　ウ　訴訟上の抗弁

　　　訴訟上の抗弁には，妨訴抗弁と証拠抗弁がある。

　(ア)　妨訴抗弁

　　　妨訴抗弁とは，本案の弁論を拒否する権限をもつ抗弁である。妨訴抗弁（狭義の妨訴抗弁）としては，訴訟費用の担保不提供の抗弁（法75条4項）がある。

　　　実務上は，訴訟要件の欠缺の主張も含めて妨訴抗弁（広義の妨訴抗弁，本案前の抗弁）と呼ぶことがある。

　(イ)　証拠抗弁

　　　訴訟上の抗弁のうち，当事者の一方が相手方の証拠申出に対しその不採用を求めるために，証拠申出が不適法である，証拠方法が関連性を有しない，証拠能力がない，証言は偽証で信用できない等と主張することは，**証拠抗弁**と呼ばれている。

　　　これらの主張は，訴訟上の抗弁であるから，裁判所はこれに拘束されない。

(7)　**証拠決定**

　　　証拠の申出に対する裁判所の決定は次のとおりである。

　ア　申出を不適法として却下する場合

　イ　申出は適法であるが，証拠調べの必要性がないとして棄却する場合

　ウ　証拠調べの必要性があるとして証拠調べの（黙示の）決定をする場合

(8)　文書の証拠調べ

　ア　取調べの方法

　　　法廷における文書の取調べは，写しと原本等を照合し，原本等を当事者に返還する方法で行われている。

　イ　準文書の取調べ

　　　図面，写真，録音テープ，ビデオテープ等は準文書として書証と同様に扱われる。（法231条，規則147条）

(9)　文書提出命令

　　ア　文書提出命令の意義

　　　　文書提出命令とは，文書の所持者で文書提出義務を負う者に対し，裁判所が，当事者の申立てによって，その文書の提出を命ずる決定である。

　　イ　文書提出義務

　　　　法220条は，文書提出義務を国に対する公法上の一般義務とし，一定の場合を除外事由とすることが規定されている。

　　　　文書提出義務の一般義務化の経緯としては，平成8年の民事訴訟法の改正（同年法律第109号）により私文書の提出義務が一般義務化され，平成13年の民事訴訟法の一部改正（同年法律第96号）により公務文書の提出義務についても一般義務化されている。

　　　次に掲げる場合には，文書の所持者は，その提出を拒むことができない。

一　当事者が訴訟において引用した文書を自ら所持するとき。

二　挙証者が文書の所持者に対しその引渡し又は閲覧を求めることができるとき。

三　文書が挙証者の利益のために作成され，又は挙証者と文書の所持者との間の法律関係について作成されたとき。

四　前3号に掲げる場合のほか，文書が次に掲げるもののいずれにも該当しないとき。

　イ　文書の所持者又は文書の所持者と第196条各号に掲げる関係を有する者についての同条に規定する事項が記載されている文書

　ロ　公務員の職務上の秘密に関する文書でその提出により公共の利益を害し，又は公務の遂行に著しい支障を生ずるおそれがあるもの

　ハ　第197条第1項第2号に規定する事実又は同項第3号に規定する事項で，黙秘の義務が免除されていないものが記載されている文書

　ニ　専ら文書の所持者の利用に供するための文書（国又は地方公共団体が所持する文書にあっては，公務員が組織的に用いるものを除く。）

　ホ　刑事事件に係る訴訟に関する書類若しくは少年の保護事件の記録又はこれらの事件において押収されている文書　　　　　　　　（法220条）

　　　(ア)　1号から3号までの規定に基づく提出義務

　　　　　　1号は**引用文書**，3号前段は**利益文書**，3号後段は**法律関係文書**である。

　　　(イ)　文書提出義務の一般化

４号は文書提出義務の一般化と，その除外事由を定めている。

(ｳ)　文書提出命令についての判例

【判例㊾】銀行の貸出稟議書は，特段の事情のない限り，民訴法220条４号ニ（旧４号ハ）所定の文書に当たる。（最２小決平11・11・12民集53巻８号1787頁，判時1695号49頁，判タ1017号102頁）

【判例㊿】金融機関の顧客自身が開示義務を負う情報については，金融機関の守秘義務が職業の秘密の根拠とならず，金融機関の職業の秘密に当たる情報についても証拠としての必要性などとの比較衡量の結果として，保護に値する秘密とされなかった事例。（最３小決平20・11・25民集62巻10号2507頁，判時2027号14頁，判タ1285号74頁）

【判例㊹】刑訴法47条所定の「訴訟に関する書類」に該当する文書について文書提出命令の申立てがされた場合であっても，当該文書が民訴法220条３号所定のいわゆる法律関係文書に該当し，かつ，当該文書の保管者によるその提出の拒否が，民事訴訟における当該文書を取り調べる必要性の有無，程度，当該文書が開示されることによる被告人，被疑者等の名誉，プライバシーの侵害等の弊害発生のおそれの有無等の諸般の事情に照らし，当該保管者の有する裁量権の範囲を逸脱し，又は濫用するものであるときは，裁判所は，その提出を命ずることができる。（最３小決平16・５・25民集58巻５号1135頁，判時1868号56頁，判タ1159号143頁）

【判例㊺】刑訴法47条所定の「訴訟に関する書類」に該当する文書について文書提出命令の申立てがされた場合であっても，当該文書が民訴法220条１号所定のいわゆる引用文書に該当し，かつ，当該文書の保管者によるその提出の拒否が，民事訴訟における当該文書を取り調べる必要性の有無，程度，当該文書が開示されることによる被告人，被疑者等の名誉，プライバシーの侵害等の弊害発生のおそれの有無等の諸般の事情に照らし，当該保管者の有する裁量権の範囲を逸脱し，又はこれを濫用するものであるときは，裁判所は，その提出を命ずることができる。（最３小決平31・１・22民集73巻１号39頁，判時2415号20頁，判タ1460号46頁）

> 訴訟に関する書類は，公判の開廷前には，これを公にしてはならない。但し，公益上の必要その他の事由があつて，相当と認められる場合は，この限りでない。　　　　　　　　　　　　　　　　　　　　　　　　　（刑事訴訟法47条）

【判例㊻】検察官，検察事務官又は司法警察職員から鑑定の嘱託を受けた者が当該鑑定に関して作成し若しくは受領した文書若しくは準文書又はその写し

は，民訴法220条4号ホに定める刑事事件に係る訴訟に関する書類又は刑事事件において押収されている文書に該当する。（最3小決令2・3・24裁判集民263号135頁，判時2474号46頁，判タ1480号144頁）

ウ　文書提出命令の申立て

(ア)　申立ての必要的記載事項

> 文書提出命令の申立ては，次に掲げる事項を明らかにしてしなければならない。
> 一　文書の表示
> 二　文書の趣旨
> 三　文書の所持者
> 四　証明すべき事実
> 五　文書の提出義務の原因　（法221条1項）

【判例(57)】文書提出命令の申立ては，やむを得ない場合には，文書の特定が概括的であって，個々の文書の表示及び趣旨が明示されていないとしても，文書提出命令の申立ての対象文書の特定として不足するところはないと解するのが相当である。（最1小決平13・2・22裁判集民201号135頁，判時1742号89頁，判タ1057号144頁）

(イ)　220条4号を提出義務とする場合

> 前条第4号に掲げる場合であることを文書の提出義務の原因とする文書提出命令の申立ては，書証の申出を文書提出命令の申立てによってする必要がある場合でなければ，することができない。　（同条2項）

エ　文書の特定のための手続

(ア)　文書の特定が困難な場合の手続

> 文書提出命令の申立てをする場合において，前条第1項第1号又は第2号に掲げる事項を明らかにすることが著しく困難であるときは，その申立ての時においては，これらの事項に代えて，文書の所持者がその申立てに係る文書を識別することができる事項を明らかにすれば足りる。この場合においては，裁判所に対し，文書の所持者に当該文書についての同項第1号又は第2号に掲げる事項を明らかにすることを求めるよう申し出なければならない。（法222条1項）

(イ)　文書の所持者に対する求め

> 前項の規定による申出があったときは，裁判所は，文書提出命令の申立てに理由がないことが明らかな場合を除き，文書の所持者に対し，同項後段の事項を明らかにすることを求めることができる。　　　　　　　　　　（同条2項）

　　オ　文書提出命令
　　　(ｱ)　文書提出命令の申立てに関する裁判

> 裁判所は，文書提出命令の申立てを理由があると認めるときは，決定で，文書の所持者に対し，その提出を命ずる。この場合において，文書に取り調べる必要がないと認める部分又は提出の義務があると認めることができない部分があるときは，その部分を除いて，提出を命ずることができる。（法223条1項）

　　　　　　地方公共団体の機関が文書を保管する場合において，当該地方公共団体は，当該機関の活動に係る権利及び義務の主体であるから，文書提出命令の名宛人とされることにより，当該文書を裁判所に提出すべき義務を負い，同義務に従ってこれを提出することのできる法的地位にあるということができる。

【判例㊽】地方公共団体は，その機関が保管する文書について，文書提出命令の名宛人となる文書の所持者に当たる。（最2小決平29・10・4民集71巻8号1221頁，判時2364号17頁，判タ1446号67頁）

　　　(ｲ)　第三者の審尋

> 裁判所は，第三者に対して文書の提出を命じようとする場合には，その第三者を審尋しなければならない。　　　　　　　　　　　　　　（同条2項）

　　　(ｳ)　公務秘密文書についての監督官庁の意見聴取

> 裁判所は，公務員の職務上の秘密に関する文書について第220条第4号に掲げる場合であることを文書の提出義務の原因とする文書提出命令の申立てがあった場合には，その申立てに理由がないことが明らかなときを除き，当該文書が同号ロに掲げる文書に該当するかどうかについて，当該監督官庁（衆議院又は参議院の議員の職務上の秘密に関する文書についてはその院，内閣総理大臣その他の国務大臣の職務上の秘密に関する文書については内閣。以下この条において同じ。）の意見を聴かなければならない。この場合において，当該監督官庁は，当該文書が同号ロに掲げる文書に該当する旨の意見を述べるときは，その理由を示さなければならない。　　　　　　　　　　　（同条3項）

㈤　公務秘密文書の発令手続

> 前項の場合において，当該監督官庁が当該文書の提出により次に掲げるおそれがあることを理由として当該文書が第220条第４号ロに掲げる文書に該当する旨の意見を述べたときは，裁判所は，その意見について相当の理由があると認めるに足りない場合に限り，文書の所持者に対し，その提出を命ずることができる。
> 一　国の安全が害されるおそれ，他国若しくは国際機関との信頼関係が損なわれるおそれ又は他国若しくは国際機関との交渉上不利益を被るおそれ
> 二　犯罪の予防，鎮圧又は捜査，公訴の維持，刑の執行その他の公共の安全と秩序の維持に支障を及ぼすおそれ　（同条４項）

㈥　第三者の意見聴取

> 第３項前段の場合において，当該監督官庁は，当該文書の所持者以外の第三者の技術又は職業の秘密に関する事項に係る記載がされている文書について意見を述べようとするときは，第220条第４号ロに掲げる文書に該当する旨の意見を述べようとするときを除き，あらかじめ，当該第三者の意見を聴くものとする。　（同条５項）

㈦　インカメラ手続

インカメラ手続とは，裁判所が，法220条４号の除外事由のいずれかに該当するかどうかの判断をするために，文書の所持者にその提示をさせる手続である。

> 裁判所は，文書提出命令の申立てに係る文書が第220条第４号イからニまでに掲げる文書のいずれかに該当するかどうかの判断をするため必要があると認めるときは，文書の所持者にその提示をさせることができる。この場合においては，何人も，その提示された文書の開示を求めることができない。
> （同条６項）

【判例(59)】情報公開法に基づく行政文書の開示請求に対する不開示決定の取消訴訟において，不開示とされた文書を目的とする検証を被告に受忍義務を負わせて行うことは，原告が検証への立会権を放棄するなどしたとしても許されず，上記文書を検証の目的として被告にその提示を命ずることも許されない。（最１小決平21・１・15民集63巻１号46頁，判時2034号24頁，判タ1290号126頁）

　　　㈔　即時抗告

　　文書提出命令の申立てについての決定に対しては，即時抗告をすることができる。　　　　　　　　　　　　　　　　　　　　　　　　　　（同条7項）

　　カ　当事者が文書提出命令に従わない場合等の効果
　　　㈎　当事者の不提出の効果

　　当事者が文書提出命令に従わないときは，裁判所は，当該文書の記載に関する相手方の主張を真実と認めることができる。　　　　　　　（法224条1項）

　　　㈏　当事者の使用妨害の効果

　　当事者が相手方の使用を妨げる目的で提出の義務がある文書を滅失させ，その他これを使用することができないようにしたときも，前項と同様とする。

　　　　　　　　　　　　　　　　　　　　　　　　　　　　　　　（同条2項）

　　　㈐　真実擬制

　　前2項に規定する場合において，相手方が，当該文書の記載に関して具体的な主張をすること及び当該文書により証明すべき事実を他の証拠により証明することが著しく困難であるときは，裁判所は，その事実に関する相手方の主張を真実と認めることができる。　　　　　　　　　　　　　　（同条3項）

　　キ　第三者が文書提出命令に従わない場合の過料

　　第三者が文書提出命令に従わないときは，裁判所は，決定で，20万円以下の過料に処する。　　　　　　　　　　　　　　　　　　　　　（法225条1項）
　　前項の決定に対しては，即時抗告をすることができる。　　　（同条2項）

　⑽　証拠の申出の放棄
　　　証拠の申出が放棄されたと認められる場合がある。
【判例⑩】本人尋問を申出た当事者が，その尋問未済のまま，口頭弁論終結に際して「他に主張立証はない」と述べたときは，本人尋問の申出を放棄したものと認むべきである。（最1小判昭26・3・29民集5巻5号177頁，判タ12号62頁）
【判例㉑】証拠申請の採否につき何らの決定をしないで口頭弁論を終結した場合，当事者が異議を述べなかったときは，その申請を放棄したものと認めるべきである。（最1小判昭27・11・20民集6巻10号1015頁，判タ26号40頁）

2　証拠調べを要しない場合

> 裁判所は，当事者が申し出た証拠で必要でないと認めるものは，取り調べることを要しない。　　　　　　　　　　　　　　　　　　　　　　（法181条1項）

(1)　証拠の採否

証拠の申出がなされた場合，これを採用して取り調べるか否かは裁判所の判断に委ねられる。

証拠調べが必要でないと認められるのは，次のような場合である。

ア　要件事実との関係で法律上意味のない事実についての証拠

イ　不要証事実についての証拠

ウ　争点と関連性のない事実についての証拠

エ　すでに裁判官が心証を形成している主要事実についての間接証拠

(2)　唯一の証拠の法理

判例により形成された**唯一の証拠の法理**とは，争点となっている特定の主要事実を立証するために当事者が申し出た唯一の証拠は特段の事情のない限り必ず取り調べなければならないとする証拠法則をいう。

【判例62】口頭弁論終結にあたって，当事者双方が「他に主張立証はない。」と述べたことは，唯一の証拠方法を取り調べることを要しない特段の事情にはあたらない。(最1小判昭53・3・23裁判集民123号283頁，判時885号118頁)

唯一の証拠方法であっても，例外的に排斥してよい場合がある。

【判例63】当事者本人尋問が唯一の証拠方法であっても，適法な呼出を受けた当事者が，何等理由を届出ることなく出頭しなかった場合には，その取調をしないで審理を終結しても，違法とはいえない。(最2小判昭29・11・5民集8巻11号2007頁，判タ45号30頁)

(3)　不変期間の障害がある場合

> 証拠調べについて不定期間の障害があるときは，裁判所は，証拠調べをしないことができる。　　　　　　　　　　　　　　　　　　　　　　（同条2項）

3　併合前の証拠調べの結果

【判例64】弁論の併合前にそれぞれの事件においてされた証拠調べの結果は，併合後の事件においても，同一の性質のまま，証拠資料となる。(最3小判昭41・4・12民集20巻4号560頁，㉘と同じ，判時447号58頁，判タ191号75頁)

4　文書の証明力

(1)　文書の証明力を否定する場合

【判例(65)】文書の記載内容の実質的証拠力を否定する場合に，必ずその作成者を尋問するなど特別の証拠調べを必要とするものではない。（最 1 小判昭38・12・19裁判集民70号343頁）

(2)　処分証書と報告文書

ア　処分証書の実質的証拠力

処分証書とは，前記のとおり（第 1 の 1 (2)ア(ウ) b，88頁），意思表示その他の法律行為が記載されている文書をいう。

処分証書については，文書の成立の真正が認められれば，特段の事情のない限り，作成者によって記載内容のとおりの法律行為がなされたものと認めることになる。（後記第10章第 4 の 1 (3)【判例(140)】，202頁）

イ　報告文書の実質的証拠力

報告文書とは，前記のとおり（88頁），処分証書以外の文書で，事実に関する作成者の見聞，判断，感想，記憶等が記載された文書をいう。

報告文書では，実質的証拠力の強いものと弱いものがあるため，個別の検討が必要である。

(ア)　登記簿

登記簿上に存する権利者の記載は，一応真実に合するものと推定すべきである（登記の推定力）。ただし，登記に公信力はない。

【判例(66)】登記簿上の所有名義人は，反証のないかぎり，右不動産を所有するものと推定すべきである。（最 1 小判昭34・1・8 民集13巻 1 号 1 頁，金融法務202号 8 頁）

(イ)　請求書

請求書は，請求したという事実についてのみ強い証明力を持つ。

【判例(67)】請求書は，一般に，請求したという事実については強い証明力を持つと認められるが，そこに記載されている売買，賃貸借の存否については，作成者がその一方的な主張を記載したに過ぎないものであるから，通常強い証明力を持つとは認められない。（最 2 小判昭37・11・30裁判集民63号355頁）

(ウ)　領収証

自己に不利益な内容を記載した文書であるため通常は信用性が高い。

5　調査の嘱託

(1)　調査の嘱託の意義

調査の嘱託とは，裁判所が，官庁，公署，学校，商工会議所，取引所その他の団体に対し，必要な調査をして報告することを嘱託することである。

> 裁判所は，必要な調査を官庁若しくは公署，外国の官庁若しくは公署又は学校，商工会議所，取引所その他の団体に嘱託することができる。　（法186条）

(2)　裁判所の嘱託の手続

> 裁判所がする嘱託の手続は，特別の定めがある場合を除き，裁判所書記官がする。　　　　　　　　　　　　　　　　　　　　　　　　　（規則31条2項）

(3)　調査嘱託の結果の証拠調べ

調査の結果（報告書，回答書等の書面）を証拠資料とするためには，当事者が援用する必要はなく，裁判所が口頭弁論において顕出（提示）して当事者に意見陳述の機会を与えれば足りるとするのが判例・通説である。

【判例㉘】民訴法186条（旧262条）に基づく調査の嘱託によって得られた回答書等の調査の結果を証拠とするには，裁判所がこれを口頭弁論において提示して当事者に意見陳述の機会を与えれば足り，当事者の援用を要しない。（最1小判昭45・3・26民集24巻3号165頁，判時591号66頁，判タ248号114頁）

6　文書送付の嘱託

> 書証の申出は，第219条の規定にかかわらず，文書の所持者にその文書の送付を嘱託することを申し立ててすることができる。ただし，当事者が法令により文書の正本又は謄本の交付を求めることができる場合は，この限りでない。
>
> （法226条）

(1)　文書送付の嘱託の意義

文書送付の嘱託とは，裁判所が，文書の所持者である官公署や私人に対し，その文書の送付を嘱託することである。

文書送付の嘱託は，登記所や市町村役場の保管書類等について利用されている。

(2)　送付文書の証拠調べ

送付された文書は，当然に証拠となるものではなく，送付された文書を当事者が謄写し，改めて書証の申出をすることになる。

7　集中証拠調べ

(1)　集中証拠調べの意義

集中証拠調べとは，争点及び証拠の整理が終了した後に，証人及び当事者本人の尋問を集中的に行うことである。

> 証人及び当事者本人の尋問は，できる限り，争点及び証拠の整理が終了した
> 後に集中して行わなければならない。　　　　　　　　　　　　（法182条）

　　　法182条は，攻撃防御方法の提出時期について随時提出主義を適時提出主
　　義（法156条，前記80頁）に改めたのにあわせて，人証調べは，争点整理等
　　が終了した後にできる限り集中して行わなければならないものとした。
(2)　集中証拠調べの実施
　　ア　証人及び当事者本人の一括申出

> 証人及び当事者本人の尋問の申出は，できる限り，一括してしなければなら
> ない。　　　　　　　　　　　　　　　　　　　　　　　　　（規則100条）

　　イ　証拠調べの準備

> 　争点及び証拠の整理手続を経た事件については，裁判所は，争点及び証拠の
> 整理手続の終了又は終結後における最初の口頭弁論の期日において，直ちに証
> 拠調べをすることができるようにしなければならない。　　　（規則101条）

　　ウ　証人の出頭の確保

> 　証人を尋問する旨の決定があったときは，尋問の申出をした当事者は，証人
> を期日に出頭させるように努めなければならない。　　　　　（規則109条）

8　証人尋問
(1)　証人尋問
　　ア　証人の意義
　　　　証人とは，五官の作用によって自己の見聞・観察・経験した結果として
　　　の一定の事実の存否，その当時の状況などを特定の民事訴訟において裁判
　　　所の命令により供述する第三者である。
　　イ　証人尋問の意義
　　　　証人尋問とは，法廷において証人に対し口頭で質問し，訴訟当事者間に
　　　争いのある事実について，証人が経験した事実を供述させ，その結果であ
　　　る証言を証拠資料とする証拠調べである。
　　ウ　証人能力と証人適格
　　　(ｱ)　証人能力
　　　　　証人能力とは，証人として尋問されうる能力をいう。当該訴訟の当事
　　　　者又はこれに準ずる者を除き，年齢，知能，精神状態などに関係なく，

人は，一般的に証人能力がある。

　　未成年者にも証人能力が認められる。

【判例㊾】民事訴訟法では，証人となることができる能力について年齢による制限
　　は設けていないから，児童といえどもある程度事理を弁別し，それを表現
　　する能力をそなえている者であるかぎり，証人となることができる。（最
　　2小判昭43・2・9裁判集民90号255頁，判時510号38頁）

　(イ)　証人適格

　　証人適格とは，特定の訴訟において証人として尋問される証人能力を
　　いう。証人適格は，証人と当該訴訟との個別的な関係から判断される。

　エ　証人義務

> 裁判所は，特別の定めがある場合を除き，何人でも証人として尋問すること
> ができる。　　　　　　　　　　　　　　　　　　　　　　　　（法190条）

　(ア)　証人義務の内容

　　証人義務の内容は，証拠調べの場所に出頭し（出頭義務），真実を述
　　べることを宣誓し（宣誓義務），経験した事実を記憶に基づき供述する
　　こと（証言義務）である。

　(イ)　呼出証人と同行証人

　　呼出証人とは，裁判所が，証人に呼出状を送達して出頭させる方法で
　　ある。

　　同行証人とは，当事者（又は代理人）が，尋問期日に証人を法廷に同
　　行する方法である。

　(ウ)　不出頭に対する過料等

> 証人が正当な理由なく出頭しないときは，裁判所は，決定で，これによって
> 生じた訴訟費用の負担を命じ，かつ，10万円以下の過料に処する。
> 　　　　　　　　　　　　　　　　　　　　　　　　　　　（法192条1項）

　　証人が出頭しないことについて正当な理由がある場合とは，証人が出
　　頭できない程度の重い病気（大決昭6・6・3），緊急やむを得ない業
　　務，交通機関の故障（東京控決昭15・4・17），冠婚葬祭など社会通念
　　上のやむを得ない事情による不出頭の場合である。

　(エ)　不出頭の届出

> 証人は，期日に出頭することができない事由が生じたときは，直ちに，その事由を明らかにして届け出なければならない。　　　　　　　　（規則110条）

　　オ　証言拒絶権

　　　証言拒絶権とは，証言義務の例外として，一定の場合に証言を拒絶できる権利である。

　　　(ｱ)　自己負罪拒否特権事項等

> 　証言が証人又は証人と次に掲げる関係を有する者が刑事訴追を受け，又は有罪判決を受けるおそれがある事項に関するときは，証人は，証言を拒むことができる。証言がこれらの者の名誉を害すべき事項に関するときも，同様とする。
> 一　配偶者，四親等内の血族若しくは三親等内の姻族の関係にあり，又はあったこと。
> 二　後見人と被後見人の関係にあること。　　　　　　　　　（法196条）

　　　(ｲ)　職務上の秘密等

> 　次に掲げる場合には，証人は，証言を拒むことができる。
> 一　第191条第1項の場合
> 二　医師，歯科医師，薬剤師，医薬品販売業者，助産師，弁護士（外国法事務弁護士を含む。），弁理士，弁護人，公証人，宗教，祈祷若しくは祭祀の職にある者又はこれらの職にあった者が職務上知り得た事実で黙秘すべきものについて尋問を受ける場合
> 三　技術又は職業の秘密に関する事項について尋問を受ける場合（法197条1項）

【判例⑰】電気通信事業に従事する者及びその職を退いた者は，民訴法197条1項2号の類推適用により，職務上知り得た事実で黙秘すべきものについて証言を拒むことができる。（最1小決令3・3・18民集75巻3号822頁，判時2500号53頁，判タ1485号24頁）

> 　前項の規定は，証人が黙秘の義務を免除された場合には，適用しない。
> 　　　　　　　　　　　　　　　　　　　　　　　　　　　（同条2項）

　　カ　証人尋問の申出

> 　証人尋問の申出は，証人を指定し，かつ，尋問に要する見込みの時間を明らかにしてしなければならない。　　　　　　　　　　　　　　（規則106条）

　　「尋問に要する見込みの時間」とは，主尋問のみならず，反対尋問等も
含めた当該証人の尋問を終えるまでに要する見込みの時間であるが，運用
上，全体の尋問時間は裁判所や相手方当事者との協議にゆだねることと
し，尋問の申出時には，主尋問の見込み時間のみ明示することも許されよ
う。（条解規則234頁）

キ　尋問事項書
　(ア)　尋問事項書の提出

> 　証人尋問の申出をするときは，同時に，尋問事項書（尋問事項を記載した書
> 面をいう。以下同じ。）2通を提出しなければならない。ただし，やむを得な
> い事由があるときは，裁判長の定める期間内に提出すれば足りる。
> 　　　　　　　　　　　　　　　　　　　　　　　　　（規則107条1項）
> 　尋問事項書は，できる限り，個別的かつ具体的に記載しなければならない。
> 　　　　　　　　　　　　　　　　　　　　　　　　　　　（同条2項）

　　　　集中証拠調べ（法182条）を実施していくためには，特に，相手方当
　　事者が反対尋問の準備を十分にすることができるように，尋問事項がよ
　　り個別的かつ具体的に記載された書面が提出されることが不可欠である
　　と考えられる。（条解規則236頁）

　(イ)　尋問事項書の直送

> 　第1項の申出をする当事者は，尋問事項書について直送をしなければならな
> い。　　　　　　　　　　　　　　　　　　　　　　　　（同条3項）

ク　人定質問
　　証人が期日に出頭した場合に，その氏名・生年月日（年齢）・職業等を
尋ねて人違いでないことを確かめる。

【出廷カード】

□　証　　人
□　本　　人
□　鑑 定 人

出 廷 カード

ふ り が な	
氏　　　名	

生 年 月 日	□　昭　和 □　平　成　　　　　　年　　　　月　　　　日	年　令	才

住　　　所	

旅費日当は （本人を除く。）	□　請　　求	します。
	□　放　　棄	

※　上記各欄に所要事項を記入し，該当する□にレ点を記入してください。

※　本人以外の方は，旅費日当の欄も記入してください。

事件番号	令和　　　年　（　　　）第　　　　　　　　号
開廷日時	令和　　　年　　　月　　　日　午　前 　　　　　　　　　　　　　　　　　　後　　　時　　　分

【宣誓書】

宣　　誓

良心に従って真実を述べ，何事

も隠さず，また，何事も付け加え

ないことを誓います。

氏　名　　　　　　　　　　　　印

ケ　宣誓

(ア)　宣誓義務

証人には，特別の定めがある場合を除き，宣誓をさせなければならない。

（法201条1項）

16歳未満の者又は宣誓の趣旨を理解することができない者を証人として尋問する場合には，宣誓をさせることができない。　　　　　　　　（同条2項）

第196条の規定に該当する証人で証言拒絶の権利を行使しないものを尋問する場合には，宣誓をさせないことができる。　　　　　　　　（同条3項）

証人は，自己又は自己と第196条各号に掲げる関係を有する者に著しい利害関係のある事項について尋問を受けるときは，宣誓を拒むことができる。

（同条4項）

第198条及び第199条の規定は証人が宣誓を拒む場合について，第192条及び第193条の規定は宣誓拒絶を理由がないとする裁判が確定した後に証人が正当な理由なく宣誓を拒む場合について準用する。　　　　　（同条5項）

(イ)　宣誓の方式

証人の宣誓は，事前宣誓が原則である。

証人の宣誓は，尋問の前にさせなければならない。ただし，特別の事由があるときは，尋問の後にさせることができる。　　　　　（規則112条1項）

宣誓は，起立して厳粛に行わなければならない。　　　　　（同条2項）

裁判長は，証人に宣誓書を朗読させ，かつ，これに署名押印させなければならない。証人が宣誓書を朗読することができないときは，裁判長は，裁判所書記官にこれを朗読させなければならない。　　　　　　　　（同条3項）

前項の宣誓書には，良心に従って真実を述べ，何事も隠さず，また，何事も付け加えないことを誓う旨を記載しなければならない。　　　　　（同条4項）

裁判長は，宣誓の前に，宣誓の趣旨を説明し，かつ，偽証の罰を告げなければならない。　　　　　　　　（同条5項）

証人が印鑑を持参していないため押印することができないときは，拇印によっている。

宣誓の際に起立する者の範囲は，傍聴人を含めた法廷内の全員が想定されている。実務上は統一されているわけではなく，裁判長の訴訟指揮の範囲に属する事柄と解するのが多数説である。

(ウ)　偽証罪

> 法律により宣誓した証人が虚偽の陳述をしたときは，3 月以上10年以下の懲役に処する。　　　　　　　　　　　　　　　　　　　　（刑法169条）

(2)　尋問の順序

　ア　交互尋問制

　　(ｱ)　交互尋問制

> 証人の尋問は，その尋問の申出をした当事者，他の当事者，裁判長の順序でする。　　　　　　　　　　　　　　　　　　　　　　　（法202条 1 項）

　　　　法202条 1 項は，**交互尋問制**を採用している。

　　　　当事者による尋問の後に裁判長が行う尋問を**補充尋問**という。

　　(ｲ)　順序の変更

> 裁判長は，適当と認めるときは，当事者の意見を聴いて，前項の順序を変更することができる。　　　　　　　　　　　　　　　　　　（同条 2 項）

　　(ｳ)　異議

> 当事者が前項の規定による変更について異議を述べたときは，裁判所は，決定で，その異議について裁判をする。　　　　　　　　　　（同条 3 項）

　イ　尋問の順序

　　(ｱ)　**主尋問，反対尋問，再主尋問**

> 当事者による証人の尋問は，次の順序による。
> 一　尋問の申出をした当事者の尋問（主尋問）
> 二　相手方の尋問（反対尋問）
> 三　尋問の申出をした当事者の再度の尋問（再主尋問）　　（規則113条 1 項）

　　　　主尋問，反対尋問，再主尋問は，裁判長の許可を得ることなく当然に行うことができる。

　　(ｲ)　**再反対尋問**以降の尋問

> 当事者は，裁判長の許可を得て，更に尋問をすることができる。（同条 2 項）

　　　　再反対尋問以降の尋問については，回数の制限はないが，必要性に応じて，裁判長の裁量によって許否が決せられる。

　　(ｳ)　介入尋問

> 裁判長は，法第202条（尋問の順序）第１項及び第２項の規定によるほか，必要があると認めるときは，いつでも，自ら証人を尋問し，又は当事者の尋問を許すことができる。　　　　　　　　　　　　　　　　（同条３項）

　　　　３項は，いわゆる**介入尋問**を定めた規定である。

　　　　　　裁判長は，補充尋問以外にも，主尋問及び反対尋問の途中その他，いつでも，証人の尋問ができる。

　　(エ)　陪席裁判官の尋問

> 陪席裁判官は，裁判長に告げて，証人を尋問することができる。（同条４項）

　(3)　質問の制限

> 　次の各号に掲げる尋問は，それぞれ当該各号に定める事項について行うものとする。
> 一　主　尋　問　　立証すべき事項及びこれに関連する事項
> 二　反対尋問　　主尋問に現れた事項及びこれに関連する事項並びに証言の信用性に関する事項
> 三　再主尋問　　反対尋問に現れた事項及びこれに関連する事項（規則114条１項）
> 　裁判長は，前項各号に掲げる尋問における質問が同項各号に定める事項以外の事項に関するものであって相当でないと認めるときは，申立てにより又は職権で，これを制限することができる。　　　　　　　　　　　（同条２項）

　　　　　　反対尋問の機会に自己の積極的な主張に係る事項について質問することも，本条１項２号の原則的範囲には属しないが，裁判長の裁量によってこれを許容することができると考えられる。（条解規則251頁）

　(4)　質問の方法

> 　質問は，できる限り，個別的かつ具体的にしなければならない。
> 　　　　　　　　　　　　　　　　　　　　　　　　　（規則115条１項）
> 　当事者は，次に掲げる質問をしてはならない。ただし，第二号から第六号までに掲げる質問については，正当な理由がある場合は，この限りでない。
> 一　証人を侮辱し，又は困惑させる質問
> 二　誘導質問
> 三　既にした質問と重複する質問
> 四　争点に関係のない質問

五　意見の陳述を求める質問
六　証人が直接経験しなかった事実についての陳述を求める質問（同条2項）
　裁判長は，質問が前項の規定に違反するものであると認めるときは，申立てにより又は職権で，これを制限することができる。　　　　　　（同条3項）

　ア　質問の方法
　　規則115条1項により，**一問一答式**の質問方法が原則であることが明らかにされている。
　イ　証人を侮辱し又は困惑させる質問
　　証人を侮辱し又は困惑させる質問は，正当な理由の有無を問わず禁止される。
　ウ　誘導質問
　　誘導質問とは，尋問者の希望する答弁を暗示する質問形式のものである。
　エ　伝聞証言
　　証人が直接経験しなかった事実についての証言を原則として禁止しているのは，伝聞証言（後記⑿，118頁）を制限する趣旨である。
　オ　正当な理由
　　刑訴規199条の13第2項の解釈上，正当な理由がある場合として，重複尋問（同条2号）については，重要度が高い事項については反対尋問にもかかわらず最初の供述を維持していることを確認するために特に必要がある場合，意見を求め又は議論にわたる尋問（同条3号）については，経験事実から推測した事項を述べさせる場合，証人が直接経験しなかった事実についての尋問（同条4号）については，反対尋問において供述の証明力を争う場合等が考えられるとされており（刑訴規説明111頁），本条の解釈においても参考になると考えられる。（条解規則253頁）
（5）文書等の質問への利用
　ア　文書等の質問への利用

　当事者は，裁判長の許可を得て，文書，図面，写真，模型，装置その他の適当な物件を利用して証人に質問することができる。　　　（規則116条1項）

　　「文書等の成立，同一性その他これに準ずる事項について証人を尋問する場合において必要があるとき」（刑訴規199条の10第1項参照。）については，規則116条1項の適用はなく，明文の規定はなくても，事柄の性質上当然に裁判長の許可を要しないで，文書等を示すことができるものと考

えられる。（条解規則256頁）
　イ　閲覧の機会の提供

> 　前項の場合において，文書等が証拠調べをしていないものであるときは，当該質問の前に，相手方にこれを閲覧する機会を与えなければならない。ただし，相手方に異議がないときは，この限りでない。　　　　　　　（同条2項）

　ウ　文書等の写しの提出

> 　裁判長は，調書への添付その他必要があると認めるときは，当事者に対し，文書等の写しの提出を求めることができる。　　　　　　　　　　　（同条3項）

(6)　証人尋問に関する異議

> 　当事者は，第113条（尋問の順序）第2項及び第3項，第114条（質問の制限）第2項，第115条（質問の制限）第3項並びに前条（文書等の質問への利用）第1項の規定による裁判長の裁判に対し，異議を述べることができる。
> 　　　　　　　　　　　　　　　　　　　　　　　　　　　　（規則117条1項）
> 　前項の異議に対しては，裁判所は，決定で，直ちに裁判をしなければならない。　　　　　　　　　　　　　　　　　　　　　　　　　　　　（同条2項）

　証人尋問に関する異議の対象となる裁判は，規則のみに規定されている。
　ア　異議を述べることができる場合
　　・　尋問の許否（規則113条2項，3項）
　　・　質問の制限（同114条2項，115条3項）
　　・　文書等の質問への利用の許否（同116条1項）
　　の各規定による裁判長の裁判
　イ　異議を述べることができない場合
　　・　書類に基づく陳述の許可（法203条）
　　・　文字の筆記等の措置（規則119条）
　　なお，尋問が行われているときに相手方からなされる「異議あり。今の質問は誘導尋問です。」等の発言は，規則117条の異議ではなく，規則115条3項により裁判長に対し質問の制限を求める申立てである。
　ウ　訴訟手続に関する異議権の喪失

> 当事者が訴訟手続に関する規定の違反を知り，又は知ることができた場合において，遅滞なく異議を述べないときは，これを述べる権利を失う。ただし，放棄することができないものについては，この限りでない。　　　　（法90条）

(ア)　責問権

　　責問権とは，裁判所又は相手方当事者の訴訟行為が手続法規に違反した場合に，当事者がそれに対して異議を述べ，その訴訟行為が無効であることを主張する権利である。

(イ)　責問権の放棄

　　責問権の放棄とは，手続法規違反の訴訟行為について，異議を述べない旨の意思を明示的又は黙示的に表示することである。

(ウ)　責問権の喪失

　　責問権の喪失とは，責問権の放棄がなくても，一定の場合に責問権を失わせることである。法90条は，責問権の喪失について規定している。

エ　異議に対する裁判に対する抗告

　　異議に対する裁判に対しては，これに対する抗告を認めた規定がないことから，抗告をすることはできず，異議の裁判の当否については，上訴審において，本案判決と同時に判断を受けることになる。（条解規則258頁）

(7)　対質

> 裁判長は，必要があると認めるときは，証人と他の証人との対質を命ずることができる。　　　　　　　　　　　　　　　　　　（規則118条1項）
> 前項の規定により対質を命じたときは，その旨を調書に記載させなければならない。　　　　　　　　　　　　　　　　　　　　　　（同条2項）
> 対質を行うときは，裁判長がまず証人を尋問することができる。（同条3項）

ア　対質の意義

　　対質とは，証人同士に言い合いをさせることではなく，2人以上の証人に対し，同時に同一の問いを発し，あるいは他の証人の供述を聞かせておいた上でその事実はどうかと尋ねるなどして，それぞれ自分の経験したことを証言させるとともに，聞いていた他人の証言に反駁させたり，確かめさせることである。

　　場合によっては，陳述の不一致について，証人同士が直接質問しあうことも許される。

イ　当事者の申立て

対質を命ずるかどうかは，裁判長の裁量に任されており，当事者は職権発動を促す趣旨の申立てをすることができるにすぎない。

ウ　調書の記載例

裁判官は，証人○○○○と被告本人との対質を命じた。

(8)　文字の筆記等

> 裁判長は，必要があると認めるときは，証人に文字の筆記その他の必要な行為をさせることができる。　　　　　　　　　　　　　　　　　　　（規則119条）

証人の行うこれらの行為は，裁判長の裁量によって職権で命じられるものであり，当事者が証人に直接要求することはできず，職権発動を促す意味での申立てをし得るにとどまるし，裁判長の措置に対して異議を述べることもできない。（条解規則262頁）

(9)　**隔離尋問の原則**

同一期日に2人以上の証人を尋問するときは，後に尋問する証人を法廷から退去させ，1人1人別々に尋問するのが原則である。**個別尋問**ともいう。

規則120条は，隔離尋問の例外である**同席尋問**について定めている。

> 裁判長は，必要があると認めるときは，後に尋問すべき証人に在廷を許すことができる。　　　　　　　　　　　　　　　　　　　　　　　（規則120条）

(10)　書類に基づく陳述の禁止

> 証人は，書類に基づいて陳述することができない。ただし，裁判長の許可を受けたときは，この限りでない。　　　　　　　　　　　　　　　　（法203条）

法203条は，書類陳述の禁止とその例外を定めた規定である。

裁判長の許可に対して当事者は異議の申立てはできない。（前記(6)イ，116頁）

(11)　傍聴人の退廷

> 裁判長は，証人が特定の傍聴人の面前（法第203条の3（遮へいの措置）第2項に規定する措置をとる場合及び法第204条（映像等の送受信による通話の方法による尋問）に規定する方法による場合を含む。）においては威圧され十分な陳述をすることができないと認めるときは，当事者の意見を聴いて，その証人が陳述する間，その傍聴人を退廷させることができる。　　（規則121条）

(12)　伝聞証言

ア　伝聞証言の意義

伝聞証言とは，証人が，自ら見聞した事実ではなく第三者が見聞した事実について，第三者の認識を供述する証言をいう。

イ　伝聞証言の証拠能力

伝聞証言については，その事実を争う相手方当事者が，事実を見聞した第三者に対して反対尋問を行うことができないまま証言が証拠資料となるため，証拠能力が問題となる。

民事訴訟においては，伝聞証言にも証拠能力が認められている。

【判例㉛】伝聞証言その他の伝聞証拠の証拠能力を制限するか，或いはこれらの証拠能力に制限を加えることなく，その証明力如何の判断を，専ら裁判官の自由な心証に委せるかは，反対尋問権の行使につきどの程度まで実質的な保障を与えるかという立法政策の問題であって，伝聞証言その他の伝聞証拠の採否は，裁判官の自由な心証による判断に委される。（最2小判昭27・12・5民集6巻11号1117頁，判タ27号56頁）

9　当事者尋問

> 裁判所は，申立てにより又は職権で，当事者本人を尋問することができる。この場合においては，その当事者に宣誓をさせることができる。（法207条1項）

(1)　当事者尋問の意義

当事者尋問とは，当事者を証拠方法として尋問し，そこでなされた当事者の陳述を証拠資料とする証拠調べである。

本人訴訟の場合にも，自分を当事者本人として尋問を申し立てることができる。

(2)　宣誓

当事者尋問をする際に宣誓をさせるかどうかは，裁判所の裁量に任せられている。実務では，ほとんどの場合宣誓をさせている。

(3)　当事者尋問の先行実施

> 証人及び当事者本人の尋問を行うときは，まず証人の尋問をする。ただし，適当と認めるときは，当事者の意見を聴いて，まず当事者本人の尋問をすることができる。　　　　　　　　　　　　　　　　　　　　　　　　　（同条2項）

証人尋問を行ってから当事者尋問を実施することが原則であるが，裁判所が適当と認めるときは，まず当事者本人の尋問をすることができる。

なお，当事者尋問における陳述は，あくまで証拠資料であるから，事案の

把握のためには，当事者尋問ではなく，釈明処分を利用すべきである。

(4)　当事者尋問と反対尋問

　　反対尋問の機会を与えられなかった当事者尋問の結果も，機会が与えられなかったことがやむを得ない事由による場合は，証拠資料とすることができる。

【判例⑰】当事者本人に対する臨床尋問が途中で打ち切られ，結局，反対尋問の機会がなかったとしても，それが，右本人の病状に照らし，やむを得ない事由によるものと認められる以上，右本人尋問の結果は，これを証拠資料としても違法ではない。（最2小判昭32・2・8民集11巻2号258頁，判タ71号52頁）

(5)　陳述書

　ア　陳述書の意義

　　陳述書とは，訴え提起後又は訴え提起に際して，当事者本人，第三者等の供述を記載したもので，書証の形式で裁判所に提出されるものである。

　イ　陳述書の活用

　　陳述書の活用は，証人尋問よりも当事者尋問において広く行われている。

(6)　不出頭による真実擬制

> 当事者本人を尋問する場合において，その当事者が，正当な理由なく，出頭せず，又は宣誓若しくは陳述を拒んだときは，裁判所は，尋問事項に関する相手方の主張を真実と認めることができる。　　　　　　　　　　　（法208条）

　ア　証明妨害の法理

　　証明妨害の法理とは，当事者の一方が故意又は過失により相手方の証明活動を妨害した場合には，裁判所は，妨害者に不利益な事実認定をすることができるとするものである。

　　法208条は，証明妨害の法理を明文で規定したものとされている。

　イ　不出頭の正当な理由

　　当事者が出頭しないことについての正当な理由としては，出頭できない程度の重い病気，交通機関の不通等が考えられるが，当事者本人が私用で欠席する場合は，証人の場合（前記107頁）よりも厳格に解されることになる。

　ウ　真実擬制の範囲

　　東京地判平14・10・15（判タ1160号273頁）は，「民事訴訟法208条の適用に当たり，民事訴訟規則107条2項に反して尋問事項が個別的・具体的

でないときは，その不利益を相手方に負わせるのは相当でないから，明らかにその尋問事項に含まれると認められる事項に限って民事訴訟法208条を適用するのが相当である。」としている。

(7)　虚偽の陳述に対する過料

> 宣誓した当事者が虚偽の陳述をしたときは，裁判所は，決定で，10万円以下の過料に処する。（法209条1項）
> 前項の決定に対しては，即時抗告をすることができる。（同条2項）
> 第1項の場合において，虚偽の陳述をした当事者が訴訟の係属中その陳述が虚偽であることを認めたときは，裁判所は，事情により，同項の決定を取り消すことができる。（同条3項）

証人の場合に偽証罪で罰する（前記112頁）のとは異なり，当事者の場合は過料の制裁にとどめている。

相手方当事者には，過料の裁判の申立権は認められない。

【判例(73)】民訴法209条1項に規定する過料の裁判は，裁判所が職権によって行うものであり，訴訟の当事者はその裁判を求める申立権を有しない。（最2小決平17・11・18裁判集民218号475頁，判時1920号38頁，判タ1200号153頁）

10　証拠共通の原則

(1)　証拠共通の原則の意義

証拠共通の原則とは，裁判所は一方当事者が提出した証拠を他方当事者に有利な事実認定に用いることが許されるとする原則である。

【判例(74)】裁判所は，適法に提出されたすべての証拠について，当事者の援用の有無にかかわらず，当事者双方のため共通してその価値判断をなすことを要する。（最1小判昭28・5・14民集7巻5号565頁，判タ30号42頁）

(2)　証拠共通の原則が認められる理由

証拠共通の原則は，自由心証主義（後記第10章第3の2(1)，194頁）の一内容として認められる。

自由心証主義は，裁判の基礎となる事実の認定を裁判官の自由な心証に委ねることをいうが，この一内容として，証拠の証拠力も裁判官の自由な評価に委ねられるからである。

第5章　複数請求訴訟

第1　請求の客観的併合

1　請求の客観的併合の意義

請求の客観的併合とは，1人の原告が1人の被告に対して1つの訴えで複数の請求について審判を求めることである。

2　併合の要件

> 数個の請求は，同種の訴訟手続による場合に限り，一の訴えですることができる。　　　　　　　　　　　　　　　　　　　　　　　（法136条）

(1)　数個の請求が同種の訴訟手続によって審判されうるものであること

(2)　法律上併合が禁止されていないこと

(3)　各請求について受訴裁判所が管轄権をもつこと

3　併合の態様

(1)　単純併合

　　単純併合とは，原告が特に条件を付すことなく，数個の請求についての審判を申し立てる場合である。

(2)　選択的併合

　　選択的併合とは，数個の請求のうちいずれかが認容されることを解除条件として他の請求について審判を申し立てる場合である。

(3)　予備的併合

　　予備的併合とは，実体法上両立しない関係にある数個の請求について，あるものについて無条件に審判を求め，他のものについて，前者の認容を解除条件として審判を申し立てる場合である。前者が**主位的請求**，後者が**予備的請求**と呼ばれる。

4　併合請求の審判

(1)　単純併合の場合

　　関連性の乏しい請求が併合されている場合などは，裁判所の裁量により弁論の分離（法152条1項，前記80頁）をすることができる。

(2)　選択的併合，予備的併合の場合

　　同一訴訟手続内で条件の成就を明らかにする必要があるので，弁論の分離をすることができない。

5　判決

(1)　単純併合の場合

　　単純併合において，複数の請求の全部について裁判をするのに熟したときは，全部判決をする。

(2)　選択的併合，予備的併合の場合

　　選択的併合において 1 つの請求を認容する判決，予備的併合において主位的請求を認容する判決は，全部判決である。

第 2　訴えの変更

1　訴えの変更の意義

　　訴えの変更とは，訴訟係属中に，請求の内容を変更する原告の申立てである。

2　訴えの変更の類型

(1)　追加的変更

　　追加的変更とは，従来の請求に，新たな請求を加えることである。

(2)　交換的変更

　　交換的変更とは，従来の請求に代えて，新たな請求を申し立てることである。

3　訴えの変更の要件

> 　原告は，請求の基礎に変更がない限り，口頭弁論の終結に至るまで，請求又は請求の原因を変更することができる。ただし，これにより著しく訴訟手続を遅滞させることとなるときは，この限りでない。　　　　　　　（法143条 1 項）

(1)　請求の基礎に変更がないこと

　　請求の基礎とは，訴訟物として法律的に構成する以前の前法律的な利益紛争関係である。

　　判例（大判昭11・ 3 ・13民集15巻453頁，最 3 小判昭29・ 6 ・ 8 民集 8 巻 6 号1037頁，判時500号30頁，判タ214号145頁）・通説は，請求の基礎に変更があっても，被告の明示又は暗黙の同意があれば変更を認めてよいとする。

(2)　著しく訴訟手続を遅延させないこと

　　従前の訴訟資料や証拠資料が新請求の審理のために全く利用できず旧請求の審理が終結に近い場合などが，手続を著しく遅延させる場合に当たる。

　　判例（最 1 小判昭42・10・12裁判集民88号681頁，判時500号30頁，判タ214号145頁）・通説は，この要件に抵触する場合には，被告の同意があっても，訴えの変更は許されないとする。

(3)　事実審の口頭弁論終結前であること

4　訴えの変更の手続

(1)　訴えの変更の方式

> 請求の変更は，書面でしなければならない。　　　　　　　（同条2項）

(2)　相手方への送達

> 前項の書面は，相手方に送達しなければならない。　　　　（同条3項）

5　訴えの変更が許されない場合の裁判

> 裁判所は，請求又は請求の原因の変更を不当であると認めるときは，申立てにより又は職権で，その変更を許さない旨の決定をしなければならない。
>
> 　　　　　　　　　　　　　　　　　　　　　　　　　　　　　（同条4項）

6　請求の拡張，減縮

請求の原因を変更せずに，請求の趣旨に量的な変更（金額の増減等）を加える場合は，**請求の拡張，請求の減縮**と呼ばれる。請求の減縮の性質については，後記第8章第1の1(2)（149頁）。

第3　中間確認の訴え

1　中間確認の訴えの意義

中間確認の訴えとは，すでに係属中の訴えにおける訴訟物の前提となる権利関係の確認を当該訴訟手続において求める申立てのことである。

> 裁判が訴訟の進行中に争いとなっている法律関係の成立又は不成立に係るときは，当事者は，請求を拡張して，その法律関係の確認の判決を求めることができる。ただし，その確認の請求が他の裁判所の専属管轄（当事者が第11条の規定により合意で定めたものを除く。）に属するときは，この限りでない。
>
> 　　　　　　　　　　　　　　　　　　　　　　　　　　　　　（法145条1項）

2　中間確認の訴えの要件

(1)　本来の請求について当事者間に訴訟が係属し，かつ事実審の口頭弁論終結前であること

(2)　本来の請求の当否を判断する上で先決関係にある法律関係の存否について，当事者間に争いがあること

【判例㊄】境界の確定を求める訴えは，所有権に基づく土地明渡訴訟の中間確認の

訴えとしては不適法である。（最1小判昭57・12・2裁判集民137号573頁，判時1065号139頁，判タ486号71頁）

(3)　中間確認の請求が本来の請求と同種の訴訟手続で審理されるものであること

(4)　中間確認の請求が他の裁判所の専属管轄に属するものではないこと

> 　前項の訴訟が係属する裁判所が第6条第1項各号に定める裁判所である場合において，前項の確認の請求が同条第1項の規定により他の裁判所の専属管轄に属するときは，前項ただし書の規定は，適用しない。　　　　　（同条2項）

3　中間確認の訴えの手続

(1)　中間確認の訴えの方式

> 　第143条第2項及び第3項の規定は，第1項の規定による請求の拡張について準用する。　　　　　　　　　　　　　　　　　　　　　（同条4項）

(2)　中間確認の訴えの手続

　　　中間確認の訴えによる新請求は，本来の請求と併合して審理され，弁論の分離は許されない。

第4　反訴

1　反訴の意義

　　反訴とは，訴訟の係属中，被告が口頭弁論の終結前に原告を相手方として本訴に併合して提起する訴えである。

> 　被告は，本訴の目的である請求又は防御の方法と関連する請求を目的とする場合に限り，口頭弁論の終結に至るまで，本訴の係属する裁判所に反訴を提起することができる。ただし，次に掲げる場合は，この限りでない。
> 一　反訴の目的である請求が他の裁判所の専属管轄（当事者が第11条の規定により合意で定めたものを除く。）に属するとき。
> 二　反訴の提起により著しく訴訟手続を遅滞させることとなるとき。
> 　　　　　　　　　　　　　　　　　　　　　　　　　　　（法146条1項）

2　反訴の要件

(1)　本訴が事実審に係属し，口頭弁論終結前であること

(2)　反訴請求が本訴請求と同種の訴訟手続によるものであり，かつ併合が禁止されていないこと

【判例㊆】債務者が債権者に対して提起した債務が存在しないことの確認を求める
　　　　訴えは，当該債務の履行を求める反訴が提起されている場合には，確認の
　　　　利益がない。（最 1 小判平16・ 3 ・25民集58巻 3 号753頁，⑦と同じ，判時
　　　　1856号150頁，判タ1149号294頁）

　(3)　反訴請求が本訴請求又は防御方法と関連するものであること
　　　原告側の訴えの変更につき請求の基礎の同一性が要求されることに対応し
　　ている。（前記123頁）
　　　判例（最 1 小判昭40・ 3 ・ 4 民集19巻 2 号197頁，判時406号50頁，判タ
　　175号104頁）・通説は，本訴請求が占有の訴えである場合に，本権に基づく
　　反訴請求との間の関連性を認めている。
　(4)　反訴請求が他の裁判所の専属管轄に属さないこと
　(5)　著しく訴訟手続を遅滞させないこと
　3　反訴の類型
　(1)　単純反訴
　　　単純反訴とは，本訴請求についての判決内容を条件としない反訴である。
　(2)　予備的反訴
　　　予備的反訴とは，本訴請求が却下又は棄却されることを解除条件とする反
　　訴である。

第6章　多数当事者訴訟

第1　共同訴訟

共同訴訟とは，一つの訴訟手続において複数の者が原告又は被告となっている場合をいう。

法38条から41条までは，共同訴訟に関する規定である。

1　通常共同訴訟

(1)　通常共同訴訟の意義

通常共同訴訟とは，各共同訴訟人と相手方との間の請求がそれぞれ独立した別個のものであって，それぞれの請求について独立して個別に解決すれば足りる共同訴訟をいう。

(2)　通常共同訴訟の要件

> 訴訟の目的である権利又は義務が数人について共通であるとき，又は同一の事実上及び法律上の原因に基づくときは，その数人は，共同訴訟人として訴え，又は訴えられることができる。訴訟の目的である権利又は義務が同種であって事実上及び法律上同種の原因に基づくときも，同様とする。　（法38条）

共同訴訟の要件としては，

ア　訴訟の目的である権利又は義務が数人について共通であること

イ　同一の事実上及び法律上の原因に基づくこと

ウ　訴訟の目的である権利又は義務が同種であって事実上及び法律上の原因に基づくこと

のいずれかを満たすことが必要である。

(3)　共同訴訟人独立の原則

共同訴訟人独立の原則とは，通常共同訴訟において，各共同訴訟人にそれぞれ独立して訴訟を進行させる原則である。

> 共同訴訟人の一人の訴訟行為，共同訴訟人の一人に対する相手方の訴訟行為及び共同訴訟人の一人について生じた事項は，他の共同訴訟人に影響を及ぼさない。　（法39条）

共同訴訟人の間に，補助参加（法42条，後記133頁）をなしうる要件があったとしても，補助参加の申出がないかぎり，補助参加をした場合と同一の訴訟関係を認めることはできない。

【判例⑦】通常の共同訴訟においては，共同訴訟人間に共通の利害関係があるとき
　　　　でも，補助参加の申出がないかぎり，当然には補助参加をしたと同一の効
　　　　果を生ずるものではない。（最1小判昭43・9・12民集22巻9号1896頁，
　　　　判時534号50頁，判タ227号140頁）

(4)　証拠共通，主張共通

　ア　共同訴訟人間の証拠共通

　　　共同訴訟人の1人が提出した証拠は，援用の有無にかかわらず，他の共
　　同訴訟人についても証拠として裁判所の事実認定の資料にすることができ
　　るとするのが，判例・多数説である。

【判例⑧】共同訴訟人の1人が提出した証拠は，その相手方に対するばかりでな
　　　　く，他の共同訴訟人とその相手方に対する関係においても証拠として認定
　　　　資料に供することができる。（最2小判昭45・1・23裁判集民98号43頁，
　　　　判時589号50頁）

　イ　共同訴訟人間の主張共通

　　　共同訴訟人の1人がした主張は，他の共同訴訟人が異を唱えない限り他
　　の共同訴訟人も主張したことにするという考え方であるが，上記【判例
　　⑧】は，この考え方を否定している。

2　同時審判申出共同訴訟

(1)　同時審判申出共同訴訟の意義

　　同時審判申出共同訴訟とは，特別の関係にある者を共同被告とする被告側
　共同訴訟について，原告の申出により同時審判を保証する共同訴訟である。

　共同被告の一方に対する訴訟の目的である権利と共同被告の他方に対する訴
訟の目的である権利とが法律上併存し得ない関係にある場合において，原告の
申出があったときは，弁論及び裁判は，分離しないでしなければならない。

（法41条1項）

---

(2)　申出の時期

　前項の申出は，控訴審の口頭弁論の終結の時までにしなければならない。

（同条2項）

---

(3)　控訴審における審判

> 第 1 項の場合において，各共同被告に係る控訴事件が同一の控訴裁判所に各別に係属するときは，弁論及び裁判は，併合してしなければならない。
>
> （同条 3 項）

3　主観的予備的併合

(1)　主観的予備的併合の意義

主観的予備的併合（主体的予備的併合）とは，数人の原告からの又は数人の被告に対する請求のうちの，ある請求が他の請求に予備的に併合されているものをいう。

(2)　主観的予備的併合の適否

最高裁は，訴えの主観的予備的併合は不適法で許されないとしている。

【判例⑲】訴えの主観的予備的併合は不適法であって許されない。（最 2 小判昭43・3・8民集22巻 3 号551頁，判時518号52頁，判タ221号122頁）

平成 8 年の民訴法改正で同時審判申出共同訴訟（法41条，前記128頁）が導入されたことにより，主観的予備的併合を認める必要はなくなったと考えられている。

4　必要的共同訴訟

> 訴訟の目的が共同訴訟人の全員について合一にのみ確定すべき場合には，その 1 人の訴訟行為は，全員の利益においてのみその効力を生ずる。
>
> （法40条 1 項）

(1)　必要的共同訴訟の意義

必要的共同訴訟とは，共同訴訟でその訴訟の目的が共同訴訟人の全員につき合一にのみ確定することを要するものである。

土地の所有権に基づいて建物の共有者に対し建物収去及び土地明渡しを求める訴えは，必要的共同訴訟ではない。

【判例⑳】土地の所有者が，その所有権に基づいて，右地上にある建物の所有権を共同相続によって取得した者らに対し，右建物の収去および土地の明渡を求める訴は，必要的共同訴訟ではないと解すべきである。（最 2 小判昭43・3・15民集22巻 3 号607頁，判時513号 5 頁，判タ221号114頁）

(2)　必要的共同訴訟の種類

必要的共同訴訟は，固有必要的共同訴訟と類似必要的共同訴訟に分類される。

ア　固有必要的共同訴訟

　　　　㋐　固有必要的共同訴訟の意義

　　　　　固有必要的共同訴訟とは，必要的共同訴訟のうち，複数の者が共同し
　　　　なければ当事者適格が得られないため，常に複数の者が共同して原告又
　　　　は被告となるべき訴訟である。

　　　　㋑　固有必要的共同訴訟とされるもの

　　　　　a　共有権確認訴訟

　　　　　　共有者全員が提起した共有権確認訴訟，共有者全員が提起した共有
　　　　権に基づく所有権移転登記手続請求訴訟は，いずれも固有必要的共同
　　　　訴訟である。

【判例㉛】１個の物を共有する数名の者全員が，共同原告となり，共有権（その数
　　　　名が共同して有する１個の所有権）に基づき共有権の確認を求めていると
　　　　きは，その訴訟の形態は，固有必要的共同訴訟と解すべきである。１個の
　　　　不動産を共有する数名の者全員が，共同原告となり，共有権（その数名が
　　　　共同して有する１個の所有権）に基づき所有権移転登記手続を求めている
　　　　ときは，その訴訟の形態は，固有必要的共同訴訟と解すべきである。（最
　　　　１小判昭46・10・７民集25巻７号885頁，判時651号72頁，判タ272号221頁）

　　　　　b　取締役解任の訴え

　　　　　　取締役解任の訴えの被告適格については，会社と取締役の双方を被
　　　　告とすべきである。

【判例㉜】取締役解任の訴えは，会社と取締役の双方を被告とすべき固有必要的共
　　　　同訴訟である。（最２小判平10・３・27民集52巻２号661頁，判時1636号
　　　　145頁，判タ972号147頁）

　　　　　c　遺産確認の訴え

【判例㉝】共同相続人間における遺産確認の訴えは，固有必要的共同訴訟と解すべ
　　　　きである。（最３小判平１・３・28民集43巻３号167頁，判時1313号129頁，
　　　　判タ698号202頁）

　　　　　　固有必要的共同訴訟である遺産確認の訴えにおいて，共同相続人が
　　　　自己の相続分の全部を譲渡した場合，その者は同訴えの当事者適格を
　　　　有しない。

【判例㉞】共同相続人のうち自己の相続分の全部を譲渡した者は，遺産確認の訴え
　　　　の当事者適格を有しない。（最２小判平26・２・14民集68巻２号113頁，判
　　　　時2249号32頁，判タ1410号75頁）

　　　　　d　入会権確認の訴え

【判例㉟】入会権確認の訴えは，入会権が共有の性質を有するかどうかを問わず，

　　入会権者全員で提起することを要する固有必要的共同訴訟である。(最2
　　小判昭41・11・25民集20巻9号1921頁，判時468号39頁，判タ200号95頁)
　　　　　固有必要的共同訴訟である入会権確認の訴えにおいて，入会集団の
　　　一部の構成員が訴えの提起に同調しない構成員を被告に加えて構成員
　　　全員が訴訟当事者となる形式で第三者に対する入会権確認の訴えを提
　　　起することができる。

【判例㊆】特定の土地が入会地であるのか第三者の所有地であるのかについて争い
　　があり，入会集団の一部の構成員が，当該第三者を被告として当該土地が
　　入会地であることの確認を求めようとする場合において，訴えの提起に同
　　調しない構成員がいるため構成員全員で訴えを提起することができないと
　　きは，上記一部の構成員は，訴えの提起に同調しない構成員も被告に加
　　え，構成員が全員が訴訟当事者となる形式で，構成員全員が当該土地につ
　　いて入会権を有することの確認を求める訴えを提起することが許され，当
　　事者適格を否定されることはない。(最1小判平20・7・17民集62巻7号
　　1994頁，判時2019号22頁，判タ1279号115頁)
　　㈬　固有必要的共同訴訟とされないもの

【判例㊇】不動産の共有者の1人は，共有不動産についての実体上の権利を有しな
　　いのに持分移転登記を了している者に対し，単独でその持分移転登記の抹
　　消登記手続を請求することができる。(最2小判平15・7・11民集57巻7
　　号787頁，判時1833号114頁，判タ1133号116頁)
　　イ　類似必要的共同訴訟
　　　　類似必要的共同訴訟とは，必要的共同訴訟のうち，当該請求について各
　　自単独に当事者適格をもち，個別的に訴え又は訴えられることができる
　　が，共同して訴え又は訴えられ，共同訴訟となった以上は，判決が共同訴
　　訟人について合一的に確定されなければならない訴訟である。
　(3)　共同訴訟人の訴訟行為
　　　　共同訴訟人の1人のした訴訟行為は，それが他の共同訴訟人にとっても有
　　利である場合には全員がその行為をしたのと同じ効果が生じる。(法40条1
　　項，前記129頁)
　　ア　共同原告の場合
　　　　前出【判例㊑】は，「固有必要的共同訴訟係属中の共同原告の1人の訴
　　えの取下げは効力を生じない。」としている。
　　イ　共同被告の場合
【判例㊈】固有必要的共同訴訟における共同被告の一部に対する訴えの取下げは，

効力を生じない。(最3小判平6・1・25民集48巻1号41頁，判時1504号91頁，判タ857号109頁)

(4)　相手方の訴訟行為

> 前項に規定する場合には，共同訴訟人の一人に対する相手方の訴訟行為は，全員に対してその効力を生ずる。　　　　　　　　　　　　　　(同条2項)

(5)　手続の中断，中止

> 第1項に規定する場合において，共同訴訟人の一人について訴訟手続の中断又は中止の原因があるときは，その中断又は中止は，全員についてその効力を生ずる。　　　　　　　　　　　　　　　　　　　　　　　(同条3項)

(6)　上訴

> 第32条第1項の規定は，第1項に規定する場合において，共同訴訟人の一人が提起した上訴について他の共同訴訟人である被保佐人若しくは被補助人又は他の共同訴訟人の後見人その他の法定代理人のすべき訴訟行為について準用する。　　　　　　　　　　　　　　　　　　　　　　　(同条4項)

5　主観的追加的併合

(1)　主観的追加的併合の意義

　　主観的追加的併合とは，係属中の訴訟において，新たな共同訴訟人として第三者を追加することをいう。

(2)　主観的追加的併合の可否

　　最高裁は公益的観点から，主観的追加的併合を一般的に否定している。

【判例⑧⑨】甲の乙に対する訴訟の係属後にされた甲の丙に対する訴訟を追加して提起する旨の申立ては，両訴訟につき民訴法38条（旧59条）所定の要件が具備する場合であっても，乙に対する訴訟に当然に併合される効果を生ずるものではない。けだし，かかる併合を認める明文の規定がないのみでなく，これを認めた場合でも，新訴につき旧訴訟の訴訟状態を当然に利用することができるかどうかについては問題があり，必ずしも訴訟経済に適うものでもなく，かえって訴訟を複雑化させるという弊害も予想され，また，軽率な提訴ないし濫訴が増えるおそれもあり，新訴の提起の時期いかんによっては訴訟の遅延を招きやすいことなどを勘案すれば，所論のいう追加的併合を認めるのは相当ではないからである。(最3小判昭62・7・17民集41巻5号1402頁，判時1249号57頁，判タ647号109頁)

実務では，主観的追加的併合ではなく，別訴を提起して弁論の併合をするという方法によっている。

第2　訴訟参加

訴訟参加とは，係属中の訴訟に第三者が参加することをいう。

訴訟参加の種類としては，当事者の一方を補助するために参加する補助参加と，当事者として参加する当事者参加がある。

当事者参加は独立当事者参加（後記137頁）と共同訴訟参加（後記138頁）に分かれる。

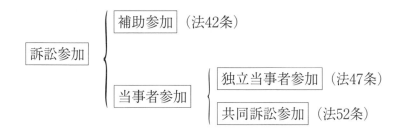

1　補助参加

(1)　補助参加

ア　補助参加の意義

補助参加とは，他人間の訴訟の係属中に，その訴訟の結果に利害関係を有する第三者が，訴訟当事者の一方を勝訴させることによって自己の利益を守るため，その訴訟に参加し，これを補助し，訴訟を追行することをいう。

訴訟の結果について利害関係を有する第三者は，当事者の一方を補助するため，その訴訟に参加することができる。　　　　　　　　　　　　（法42条）

イ　補助参加の利益

利害関係については，事実上の利害関係では足りず，法律上の利害関係であることを要するとするのが，判例・通説である。

共同不法行為に基づく損害賠償請求訴訟の共同被告の1人は，原告と他の共同被告との訴訟に原告を補助するため参加することができる。

【判例⑨⓪】甲の乙丙に対する乙丙の共同不法行為を理由とする損害賠償請求訴訟の

第1審において，乙に対する請求を認容し，丙に対する請求を棄却する判

決があり，乙が自己に対する判決について控訴しないときは，乙は，甲丙

間の判決について控訴するため甲に補助参加をすることができる。（最3
小判昭51・3・30裁判集民117号323頁，判時814号112頁，判タ336号216頁）

【判例㉑】民訴法42条所定の補助参加が認められるのは，専ら訴訟の結果につき法
　　　律上の利害関係を有する場合に限られ，単に事実上の利害関係を有するに
　　　とどまる場合は補助参加は許されない。法律上の利害関係を有する場合と
　　　は，当該訴訟の判決が参加人の私法上又は公法上の法的地位又は法的利益
　　　に影響を及ぼすおそれがある場合をいうものと解される。（最1小決平
　　　13・1・30民集55巻1号30頁，判時1740号3頁，判タ1054号106頁）

(2)　補助参加の申出

　ア　補助参加の申出

> 補助参加の申出は，参加の趣旨及び理由を明らかにして，補助参加により訴
> 訟行為をすべき裁判所にしなければならない。　　　　　　　　　（法43条1項）

　イ　参加申出とともにする訴訟行為

> 補助参加の申出は，補助参加人としてすることができる訴訟行為とともにす
> ることができる。　　　　　　　　　　　　　　　　　　　　　（同条2項）

(3)　補助参加についての異議等

　ア　当事者の異議権

> 当事者が，補助参加について異議を述べたときは，裁判所は，補助参加の許
> 否について，決定で裁判をする。この場合においては，補助参加人は，参加の
> 理由を疎明しなければならない。　　　　　　　　　　　　　　（法44条1項）

　イ　異議権の放棄・喪失

> 前項の異議は，当事者がこれを述べないで弁論をし，又は弁論準備手続にお
> いて申述をした後は，述べることができない。　　　　　　　　（同条2項）

　ウ　許否の裁判に対する不服申立て

> 第1項の裁判に対しては，即時抗告をすることができる。　　　（同条3項）

(4)　補助参加人の訴訟行為

　ア　補助参加人の訴訟行為の制約

> 補助参加人は，訴訟について，攻撃又は防御の方法の提出，異議の申立て，上訴の提起，再審の訴えの提起その他一切の訴訟行為をすることができる。ただし，補助参加の時における訴訟の程度に従いすることができないものは，この限りでない。　（法45条１項）

イ　被参加人の訴訟行為と抵触する訴訟行為

> 補助参加人の訴訟行為は，被参加人の訴訟行為と抵触するときは，その効力を有しない。　（同条２項）

ウ　補助参加について異議があった場合

> 補助参加人は，補助参加について異議があった場合においても，補助参加を許さない裁判が確定するまでの間は，訴訟行為をすることができる。
> （同条３項）

エ　補助参加を許さない裁判が確定した場合

> 補助参加人の訴訟行為は，補助参加を許さない裁判が確定した場合においても，当事者が援用したときは，その効力を有する。　（同条４項）

⑸　補助参加人に対する裁判の効力

> 補助参加に係る訴訟の裁判は，次に掲げる場合を除き，補助参加人に対してもその効力を有する。
> 一　前条第１項ただし書の規定により補助参加人が訴訟行為をすることができなかったとき。
> 二　前条第２項の規定により補助参加人の訴訟行為が効力を有しなかったとき。
> 三　被参加人が補助参加人の訴訟行為を妨げたとき。
> 四　被参加人が補助参加人のすることができない訴訟行為を故意又は過失によってしなかったとき。　（法46条）

ア　補助参加人に対する効力の性質

この裁判の効力は，既判力とは異なる特殊な効力（**参加的効力**）であるとするのが，判例・通説である。

【判例(92)】民訴法46条（旧70条）所定の判決の補助参加人に対する効力は，既判力ではなく，判決の確定後補助参加人が被参加人に対してその判決が不当で

あると主張することを禁ずる効力であって，判決の主文に包含された訴訟
物たる権利関係の存否についての判断だけでなく，その前提として判決の
理由中でなされた事実の認定や先決的権利関係の存否についての判断にも
及ぶものと解すべきである。（最1小判昭45・10・22民集24巻11号1583頁，
判時613号52頁，判タ255号153頁）

イ　参加的効力の客観的範囲

【判例㊚】民訴法46条（旧70条）所定の効力が及ぶ判決の理由中でされた事実の認
定や先決的権利関係の存否についての判断とは，判決の主文を導き出す
ために必要な主要事実に係る認定及び法律判断などをいう。（最3小判平
14・1・22裁判集民205号93頁，判時1776号67頁，判タ1085号194頁）

2　共同訴訟的補助参加

(1)　共同訴訟的補助参加の意義

共同訴訟的補助参加とは，他人間の訴訟の判決の効力が及ぶ地位にありな
がら，その訴訟に原告又は被告として加わることのできない第三者がする訴
訟への補助参加である。

最1小判昭45・1・22民集24巻1号1頁（判時584号62頁，判タ244号161
頁）は，当事者適格を有しない第三者の参加について，共同訴訟的補助参加
を認めたものである。

当事者適格を有する第三者の参加については，共同訴訟参加（後記138頁）
によることになる。

(2)　共同訴訟的補助参加の例

共同訴訟的補助参加の例として，破産管財人を当事者とする訴訟に参加す
る破産者や債権者代位訴訟に参加する債務者があげられる。

3　訴訟告知

(1)　訴訟告知の意義

訴訟告知とは，訴訟の係属中に，当事者が，その訴訟に参加することがで
きる第三者に対して訴訟係属の事実を通知する行為をいう。

(2)　訴訟告知の要件

> 当事者は，訴訟の係属中，参加することができる第三者にその訴訟の告知を
> することができる。　　　　　　　　　　　　　　　　　　　（法53条1項）

参加することができる第三者（被告知者）とは，補助参加，独立当事者参
加，共同訴訟参加等によって訴訟参加をすることができる者である。

(3)　被告知者からの告知

訴訟告知を受けた者は，更に訴訟告知をすることができる。　（同条2項）

⑷　訴訟告知書

訴訟告知は，その理由及び訴訟の程度を記載した書面を裁判所に提出してしなければならない。　（同条3項）

⑸　訴訟告知の効力

訴訟告知を受けた者が参加しなかった場合においても，第46条の規定の適用については，参加することができた時に参加したものとみなす。（同条4項）

4　独立当事者参加

⑴　独立当事者参加の意義

　　独立当事者参加とは，係属中の訴訟の原告及び被告双方又はその一方に対し，第三者がその訴訟の目的に関連する自己の請求をするためにその訴訟に当事者として参加することである。

⑵　独立当事者参加の要件

訴訟の結果によって権利が害されることを主張する第三者又は訴訟の目的の全部若しくは一部が自己の権利であることを主張する第三者は，その訴訟の当事者の双方又は一方を相手方として，当事者としてその訴訟に参加することができる。　（法47条1項）

　　独立当事者参加の参加要件を欠く申出は，別訴として扱うべきである。
【判例⑭】甲の乙に対する売買契約に基づく所有権移転登記手続請求訴訟において，丙が，乙に対して所有権移転請求権保全の仮登記に基づく本登記手続を，甲に対して右本登記手続の承諾を求めてした参加の申出は，民訴法47条（旧71条）による参加の申出に当たらない。（最3小判平6・9・27裁判集民173号89頁，判時1513号111頁，判タ867号175頁）

⑶　参加の申出

前項の規定による参加の申出は，書面でしなければならない。（同条2項）

⑷　参加申出書の送達

前項の書面は，当事者双方に送達しなければならない。　（同条3項）

⑸　独立当事者参加訴訟の審判

> 第40条第1項から第3項までの規定は第1項の訴訟の当事者及び同項の規定によりその訴訟に参加した者について，第43条の規定は同項の規定による参加の申出について準用する。　　　　　　　　　　　　　　　　　　　　（同条4項）

5　共同訴訟参加

(1)　共同訴訟参加の意義

共同訴訟参加とは，判決の合一確定の必要がある場合に，既に係属中の訴訟に第三者が当事者（原告又は被告）として加わることをいう。

> 訴訟の目的が当事者の一方及び第三者について合一にのみ確定すべき場合には，その第三者は，共同訴訟人としてその訴訟に参加することができる。
> 　　　　　　　　　　　　　　　　　　　　　　　　　　　　　（法52条1項）

共同訴訟参加をするためには，係属中の訴訟手続の訴訟物に係る当事者適格が必要であるとするのが，判例・通説である。

【判例⑮】訴訟の目的が当事者の一方及び第三者について合一にのみ確定すべき場合でも，その第三者は，当該訴訟の当事者となりうる適格を有しないかぎり，民訴法52条（旧75条）の規定により，共同訴訟人として当該訴訟に参加することができない。（最2小判昭36・11・24民集15巻10号2583頁）

判決効の拡張を受けるが当事者適格を有しない第三者の参加については，共同訴訟的補助参加（前記136頁）によることになる。

(2)　共同訴訟参加の手続

> 第43条並びに第47条第2項及び第3項の規定は，前項の規定による参加の申出について準用する。　　　　　　　　　　　　　　　　　　　　　（同条2項）

第3　訴訟承継

1　訴訟承継の意義

訴訟承継とは，訴訟の係属中に，訴訟物の当事者適格が当事者から第三者に移転したことにより，その第三者が従前の当事者の訴訟上の地位を承継することである。

訴訟承継の態様としては，当然承継と参加承継，引受承継がある。

```
              ┌ 当然承継 （法124条）
              │
訴訟承継 ┤ 参加承継 （法49条）
              │
              └ 引受承継 （法50条）
```

2　当然承継

(1)　当然承継の意義

当然承継は，当事者適格の変動原因である一定の事由について，新適格者の意思を問わず当然にその者が当事者の地位を取得する場合である。

当然承継についての直接の規定はないため，訴訟手続の中断及び受継に関する規定から推知することになる。

(2)　訴訟手続の中断及び受継

　　ア　当事者の死亡による中断，受継等

次の各号に掲げる事由があるときは，訴訟手続は，中断する。この場合においては，それぞれ当該各号に定める者は，訴訟手続を受け継がなければならない。

一　当事者の死亡	相続人，相続財産の管理人，相続財産の清算人その他法令により訴訟を続行すべき者
二　当事者である法人の合併による消滅	合併によって設立された法人又は合併後存続する法人
三　当事者の訴訟能力の喪失又は法定代理人の死亡若しくは代理権の消滅	法定代理人又は訴訟能力を有するに至った当事者
四　次のイからハまでに掲げる者の信託に関する任務の終了	当該イからハまでに定める者
イ　当事者である受託者	新たな受託者又は信託財産管理者若しくは信託財産法人管理人

（以下略）　　　　　　　　　　　　　　　　　　　　　（法124条１項）

　　イ　訴訟代理人がある場合の例外

前項の規定は，訴訟代理人がある間は，適用しない。　　　（同条２項）

---

(3)　相手方による受継の申立て

> 訴訟手続の受継の申立ては，相手方もすることができる。　　　（法126条）

(4)　受継の通知

> 訴訟手続の受継の申立てがあった場合には，裁判所は，相手方に通知しなければならない。　　　（法127条）

(5)　受継についての裁判

　ア　口頭弁論終結前の中断の場合

> 訴訟手続の受継の申立てがあった場合には，裁判所は，職権で調査し，理由がないと認めるときは，決定で，その申立てを却下しなければならない。
>
> （法128条1項）

　イ　口頭弁論終結後の中断の場合

> 判決書又は第254条第2項（第374条第2項において準用する場合を含む。）の調書の送達後に中断した訴訟手続の受継の申立てがあった場合には，その判決をした裁判所は，その申立てについて裁判をしなければならない。
>
> （同条2項）

3　参加承継，引受承継

(1)　参加承継，引受承継の意義

　ア　参加承継

　　　参加承継とは，係属中の訴訟の当事者から訴訟の対象となっている権利を譲り受けた第三者が，独立当事者参加（法47条，前記137頁）の形式で訴訟に加入し，旧当事者の訴訟上の地位を承継することである。

　イ　引受承継

　　　引受承継とは，訴訟係属中にその訴訟の目的である義務を第三者が承継したときに，被承継人たる当事者の相手方がする申立てによって，承継人たる第三者に強制的に従前の訴訟を引き受けさせることによってされる訴訟承継である。

(2)　参加承継，引受承継の手続

　ア　参加承継の手続

> 訴訟の係属中その訴訟の目的である権利の全部又は一部を譲り受けたことを主張する者が第47条第１項の規定により訴訟参加をしたときは，時効の完成猶予に関しては，当該訴訟の係属の初めに，裁判上の請求があったものとみなす。
> （法49条１項）
> 前項に規定する場合には，その参加は，訴訟の係属の初めに遡って法律上の期間の遵守の効力を生ずる。（同条２項）

イ　引受承継の手続

(ア)　引受けの申立て

> 訴訟の係属中第三者がその訴訟の目的である義務の全部又は一部を承継したときは，裁判所は，当事者の申立てにより，決定で，その第三者に訴訟を引き受けさせることができる。（法50条１項）

【判例(96)】土地賃貸人が賃貸借契約の終了を理由に土地賃借人に対して建物収去土地明渡を求める訴訟の係属中に，土地賃借人から右建物を賃借し，これに基づき右建物およびその敷地の占有を承継した者は，民事訴訟法50条（旧74条）１項にいう「其ノ訴訟ノ目的タル債務ヲ承継シタ」第三者にあたる。
（最３小判昭41・３・22民集20巻３号484頁，判時450号22頁）

(イ)　承継原因の審理

> 裁判所は，前項の決定をする場合には，当事者及び第三者を審尋しなければならない。（同条２項）

(3)　参加承継，引受承継がされた訴訟の審理

ア　参加承継訴訟

参加承継訴訟では，独立当事者参加（法47条）の形式によるため，必要的共同訴訟に関する審理の特則（法40条）が準用される。

イ　引受承継訴訟

引受承継訴訟では，同時審判申出共同訴訟（法41条）の審理原則が準用される。

> 第41条第１項及び第３項並びに前２条の規定は，第１項の規定により訴訟を引き受けさせる決定があった場合について準用する。（同条３項）

第７章　弁論の終結

第１　弁論の終結

１　弁論の終結の意義

弁論の終結とは，裁判所が，訴訟が判決をするのに熟したと判断したときに，口頭弁論を終結することである。

２　当事者の欠席と弁論終結

> 裁判所は，当事者の双方又は一方が口頭弁論の期日に出頭せず，又は弁論をしないで退廷をした場合において，審理の現状及び当事者の訴訟追行の状況を考慮して相当と認めるときは，終局判決をすることができる。ただし，当事者の一方が口頭弁論の期日に出頭せず，又は弁論をしないで退廷をした場合には，出頭した相手方の申出があるときに限る。（法244条）

法244条は，次の最高裁判決を明文化した規定である。

【判例(97)】当事者の双方が不出頭の口頭弁論期日においても，弁論が終結に熟すると認められる限り，口頭弁論を終結することができる。（最３小判昭41・11・22民集20巻９号1914頁，判時469号40頁，判タ200号93頁）

第２　弁論の再開

> 裁判所は，終結した口頭弁論の再開を命ずることができる。（法153条）

１　弁論の再開の意義

弁論の再開とは，裁判所が，訴訟が判決をするのに熟していない場合に，いったん終結した口頭弁論を再開することである。

弁論を終結した後に，当事者がさらに主張・立証をしたい場合や，裁判所が当事者の主張・立証が不充分であることや釈明事項に気付いた場合に，裁判所は，終結した弁論の再開を命ずることができる。

２　弁論再開の申立て

弁論の再開は，訴訟指揮権の行使に属し，裁判所の専権的な自由裁量に委ねられているから，当事者に弁論再開の申立権はない。

【判例(98)】閉じた弁論の再開を命ずると否とは裁判所の専権事項であり，当事者の弁論再開の申請は単に裁判所の右専権の発動を促すだけのものである。（最２小判昭23・４・17民集２巻４号104頁）

3　弁論を再開すべき場合

　　弁論を再開することが明らかに民事訴訟における手続的正義の要求と認められる特段の事由がある場合は，弁論を再開すべきである。

【判例⑲】弁論を再開するか否かについての裁判所の裁量権も絶対無制限のものではなく，弁論を再開して当事者に更に攻撃防御の方法を提出する機会を与えることが明らかに民事訴訟における手続的正義の要求と認められるような特段の事由がある場合には，裁判所は弁論を再開すべきである。（最1小判昭56・9・24民集35巻6号1088頁，判時1019号68頁，判タ453号66頁）

　　弁論を再開しないことが違法とされる場合というのは，本件に匹敵するような極めて限定されたものというべきであろう。本判決が弁論再開に関する従来の実務になんらかの変更を加えようとしたものではないことを念頭に置く必要があると思われる。（判例解説昭和56年度551頁）

　本件事案では，無権代理人が本人を相続し，本人と代理人の資格が同一に帰するに至ったため，本人が自ら法律行為をしたのと同様な法律上の地位が生じ，従前の審判対象が全く異なることになるため，弁論再開申請を入れるべき特段の事由があるとされた。

第3　法定審理期間訴訟

　　民事訴訟法等の一部を改正する法律（令和4年法律第48号）により，**法定審理期間訴訟**手続が創設された。この改正法は，公布の日（令和4年5月25日）から起算して4年を超えない範囲内において政令で定める日から施行される。（後記170頁）

1　法定審理期間訴訟手続の要件
(1)　法定審理期間訴訟の対象

　　法定審理期間訴訟においては，消費者契約に関する訴え，個別労働関係民事紛争に関する訴えは，対象外とされている。

> 　当事者は，裁判所に対し，法定審理期間訴訟手続による審理及び裁判を求める旨の申出をすることができる。ただし，次に掲げる訴えに関しては，この限りでない。
> 一　消費者契約に関する訴え
> 二　個別労働関係民事紛争に関する訴え　　　　（改正法381条の2第1項）

(2)　法定審理期間訴訟手続による審判をする決定

> 　当事者の双方が前項の申出をした場合には，裁判所は，事案の性質，訴訟追行による当事者の負担の程度その他の事情に鑑み，法定審理期間訴訟手続により審理及び裁判をすることが当事者間の衡平を害し，又は適正な審理の実現を妨げると認めるときを除き，訴訟を法定審理期間訴訟手続により審理及び裁判をする旨の決定をしなければならない。当事者の一方が同項の申出をした場合において，相手方がその法定審理期間訴訟手続による審理及び裁判をすることに同意したときも，同様とする。　　　　　　　　　　　（同第2項）

　　ア　当事者間の衡平を害するとき
　　　　当事者間に証拠の偏在がある事件（例えばＰＬ法に基づく損害賠償）は，「当事者間の衡平を害するとき」に該当するものとされる。
　　イ　適正な審理の実現を妨げるとき
　　　　弁護士等の訴訟代理人が選任されていない場合には，「適正な審理の実現を妨げるとき」に該当するものとされる。
　(3)　法定審理期間訴訟手続による審判を求める申出

> 　第1項の申出及び前項後段の同意は，書面でしなければならない。ただし，口頭弁論又は弁論準備手続の期日においては，口頭ですることを妨げない。
> 　　　　　　　　　　　　　　　　　　　　　　　　　　　（同第3項）

　(4)　期日

> 　訴訟が法定審理期間訴訟手続に移行したときは，通常の手続のために既に指定した期日は，法定審理期間訴訟手続のために指定したものとみなす。
> 　　　　　　　　　　　　　　　　　　　　　　　　　　　（同第4項）

2　法定審理期間訴訟手続の審理

　(1)　期日の指定

> 　前条第2項の決定があったときは，裁判長は，当該決定の日から2週間以内の間において口頭弁論又は弁論準備手続の期日を指定しなければならない。
> 　　　　　　　　　　　　　　　　　　　　（改正法381条の3第1項）

　(2)　口頭弁論を終結する期日等の指定

裁判長は，前項の期日において，当該期日から6月以内の間において当該事件に係る口頭弁論を終結する期日を指定するとともに，口頭弁論を終結する日から1月以内の間において判決言渡しをする期日を指定しなければならない。

(同第2項)

(3)　攻撃防御方法の提出

前条第2項の決定があったときは，当事者は，第1項の期日から5月（裁判所が当事者双方の意見を聴いて，これより短い期間を定めた場合には，その期間）以内に，攻撃又は防御の方法を提出しなければならない。　(同第3項)

(4)　判決において判断すべき事項の確認

裁判所は，前項の期間が満了するまでに，当事者双方との間で，争点及び証拠の整理の結果に基づいて，法定審理期間訴訟手続の判決において判断すべき事項を確認するものとする。　(同第4項)

(5)　証拠調べ

法定審理期間訴訟手続における証拠調べは，第1項の期日から6月（裁判所が当事者双方の意見を聴いて，これより短い期間を定めた場合には，その期間）以内にしなければならない。　(同第5項)

(6)　期日の変更

法定審理期間訴訟手続における期日の変更は，第93条第3項の規定にかかわらず，やむを得ない事由がある場合でなければ，許すことができない。

(同第6項)

3　通常の手続への移行

当事者の双方又は一方は，法定審理期間訴訟手続が開始した後であっても，いつでも，期間の限定のない通常の手続による審理を求めることができる。

(1)　通常の手続への移行決定

> 次に掲げる場合には，裁判所は，訴訟を通常の手続により審理及び裁判をする旨の決定をしなければならない。
> 一　当事者の双方又は一方が訴訟を通常の手続に移行させる旨の申出をしたとき。
> 二　提出された攻撃又は防御の方法及び審理の現状に照らして法定審理期間訴訟手続により審理及び裁判をするのが困難であると認めるとき。
>
> （改正法381条の4第1項）

(2)　不服申立ての禁止

> 前項の決定に対しては，不服を申し立てることができない。　（同第2項）

(3)　期日

> 訴訟が通常の手続に移行したときは，法定審理期間訴訟手続のため既に指定した期日は，通常の手続のために指定したものとみなす。　（同第3項）

4　法定審理期間訴訟手続の電子判決書

> 法定審理期間訴訟手続の電子判決書には，事実として，請求の趣旨及び原因並びにその他の攻撃又は防御の方法の要旨を記録するものとし，理由として，第381条の3第4項の規定により当事者双方との間で確認した事項に係る判断の内容を記録するものとする。　（改正法381条の5）

5　控訴の禁止

> 法定審理期間訴訟手続の終局判決に対しては，控訴をすることができない。ただし，訴えを却下した判決に対しては，この限りでない。
>
> （改正法381条の6）

6　異議

法定審理期間訴訟手続の判決に対しては，異議の申立てをすることができ，異議の申立てにより，通常の手続による審理及び裁判をする。

(1)　異議申立て

法定審理期間訴訟手続の終局判決に対しては，訴えを却下した判決を除き，電子判決書の送達を受けた日から2週間の不変期間内に，その判決をした裁判所に異議を申し立てることができる。ただし，その期間前に申し立てた異議の効力を妨げない。　　　　　　　　　　　　　　　　　（改正法381条の7第1項）

(2)　手形訴訟等に関する規定の準用

第358条から第360条まで及び第364条の規定は，前項の異議について準用する。　　　　　　　　　　　　　　　　　　　　　　　　　　　（同第2項）

7　異議後の審理及び裁判

(1)　異議後の審理及び裁判

適法な異議があったときは，訴訟は，口頭弁論の終結前の程度に復する。この場合においては，通常の手続によりその審理及び裁判をする。
　　　　　　　　　　　　　　　　　　　　　　　（改正法381条の8第1項）

(2)　執行停止の効力

前項の異議の申立ては，執行停止の効力を有する。　　　　　（同第2項）

(3)　執行の停止等の処分

裁判所は，異議後の判決があるまで，法定審理期間訴訟手続の終局判決の執行の停止その他必要な処分を命ずることができる。　　　　　（同第3項）

(4)　手形訴訟等に関する規定の準用

第362条及び第363条の規定は，第1項の審理及び裁判について準用する。
　　　　　　　　　　　　　　　　　　　　　　　　　　　　（同第4項）

　ア　異議後の判決

前条の規定によってすべき判決が手形訴訟の判決と符合するときは，裁判所は，手形訴訟の判決を認可しなければならない。ただし，手形訴訟の判決の手続が法律に違反したものであるときは，この限りでない。　　（法362条1項）
前項の規定により手形訴訟の判決を認可する場合を除き，前条の規定によってすべき判決においては，手形訴訟の判決を取り消さなければならない。
　　　　　　　　　　　　　　　　　　　　　　　　　　　　（同条2項）

イ　異議後の判決における訴訟費用

　異議を却下し，又は手形訴訟においてした訴訟費用の負担の裁判を認可する場合には，裁判所は，異議の申立てがあった後の訴訟費用の負担について裁判をしなければならない。　　　　　　　　　　　　　　　　　　　　（法363条1項）

　第258条第4項の規定は，手形訴訟の判決に対し適法な異議の申立てがあった場合について準用する。　　　　　　　　　　　　　　　　　　　　（同条2項）

第 8 章　訴訟の終了

第 1　訴えの取下げ

1　訴えの取下げ

(1)　訴えの取下げの意義

訴えの取下げとは，原告が訴えを撤回する旨の意思表示である。

> 訴えは，判決が確定するまで，その全部又は一部を取り下げることができる。
>
> （法261条 1 項）

(2)　請求の減縮の性質

請求の減縮とは，請求の原因を変更せずに，請求の分量（金額）のみを減縮する行為である。（前記124頁）

請求の減縮は，訴えの一部取下げであり，被告の同意などの要件が適用され，訴えの取下げの手続に服する。

【判例⑩】請求の趣旨の減縮は，訴えの一部取下げにすぎず，訴えの変更に当たらない。（最 1 小判昭27・12・25民集 6 巻12号1255頁，判タ27号52頁）

(3)　刑事上罰すべき他人の行為によってなされた訴えの取下げの効力

【判例⑩】詐欺脅迫等明らかに刑事上罰すべき他人の行為によってなされた訴えの取下は，無効と解すべきである。（最 2 小判昭46・6・25民集25巻 4 号640頁，判時637号40頁，判タ265号138頁）

2　被告の同意

> 訴えの取下げは，相手方が本案について準備書面を提出し，弁論準備手続において申述をし，又は口頭弁論をした後にあっては，相手方の同意を得なければ，その効力を生じない。ただし，本訴の取下げがあった場合における反訴の取下げについては，この限りでない。
>
> （同条 2 項）

(1)　積極的確定の利益

法261条 2 項の場合に，訴えの取下げについて被告の同意を要するのは，被告が本案について積極的に争う態度を示し訴訟活動をした以上，被告は，請求棄却の判決を得ることについて正当な利益（**積極的確定の利益**）を有するからである。

(2)　同意の方式

被告の同意については格別方式の規定はなく，書面又は口頭ですればよい。

　(3)　同意の拒絶の撤回

　　　いったん同意を拒絶すれば訴えの取下げは無効と確定し，後にこれを撤回して改めて同意をしても取下げの効力は生じない。

【判例⑩】訴えの取下げに同意しない旨の意思表示を撤回しあらためて同意をしても，訴えの取下げは効力を生じない。（最2小判昭37・4・6民集16巻4号686頁）

3　訴えの取下げの手続

　(1)　訴えの取下げの方式

> 　訴えの取下げは，書面でしなければならない。ただし，口頭弁論，弁論準備手続又は和解の期日においては，口頭ですることを妨げない。　　（同条3項）

　(2)　口頭弁論調書への記載

　　　訴えの取下げが口頭弁論期日等において口頭でなされた場合には，必ず調書に記載しなければならない。

> 　口頭弁論の調書には，弁論の要領を記載し，特に，次に掲げる事項を明確にしなければならない。
> 一　訴えの取下げ，和解，請求の放棄及び認諾並びに自白（規則67条1項1号）

　(3)　取下書等の送達

> 　第2項本文の場合において，訴えの取下げが書面でされたときはその書面を，訴えの取下げが口頭弁論等の期日において口頭でされたとき（相手方がその期日に出頭したときを除く。）はその期日の調書の謄本を相手方に送達しなければならない。　　　　　　　　　　　　　　　（法261条4項）

4　訴えの取下げがあった場合の取扱い

　(1)　訴えの取下書の副本の送達

> 　訴えの取下げの書面の送達は，取下げをした者から提出された副本によってする。　　　　　　　　　　　　　　　　　　　　　　（規則162条1項）

　(2)　同意を要しない訴えの取下げの通知

> 　訴えの取下げがあった場合において，相手方の同意を要しないときは，裁判所書記官は，訴えの取下げがあった旨を相手方に通知しなければならない。
> 　　　　　　　　　　　　　　　　　　　　　　　　　　　　（同条2項）

5　被告の同意の擬制

> 訴えの取下げの書面の送達を受けた日から2週間以内に相手方が異議を述べないときは，訴えの取下げに同意したものとみなす。訴えの取下げが口頭弁論等の期日において口頭でされた場合において，相手方がその期日に出頭したときは訴えの取下げがあった日から，相手方がその期日に出頭しなかったときは前項の謄本の送達があった日から2週間以内に相手方が異議を述べないときも，同様とする。　　　　　　　　　　　　　　　　　　　　（法261条5項）

　　　　訴えの変更の場合に，旧訴の取下げに同意をしたものと解されることがある。
【判例⑩】相手方が訴えの変更に対し異議を述べずに新訴につき弁論をしたときは，旧訴の取下げにつき暗黙の同意をしたものと解すべきである。（最2小判昭38・1・18民集17巻1号1頁，㉑と同じ，判時330号35頁，判タ142号49頁）

6　訴えの取下げの効果

(1)　訴えの取下げの効果

> 訴訟は，訴えの取下げがあった部分については，初めから係属していなかったものとみなす。　　　　　　　　　　　　　　　　　　　　　　（法262条1項）

(2)　訴えの取下げと再訴の禁止

> 本案について終局判決があった後に訴えを取り下げた者は，同一の訴えを提起することができない。　　　　　　　　　　　　　　　　　　　　　（同条2項）

　　ア　同一の訴え

　　　　当事者及び訴訟物が同じであっても，再訴の提起を正当ならしめる新たな訴えの利益又は必要性が存するときは，法262条2項は適用されない。

　　　　例として，被告が原告の権利を認めたので訴えを取り下げたところ，被告が再び原告の権利を否認したので，確認の訴えを提起する場合等がある。
【判例⑩】民訴法262条2項（旧237条2項）にいう「同一の訴」とは，単に当事者及び訴訟物を同じくするだけではなく，訴の利益又は必要性の点についても事情を一にする訴を意味し，たとえ新訴が旧訴とその訴訟物を同じくする場合であっても，再訴の提起を正当ならしめる新たな利益又は必要性が存するときは，同条項の規定はその適用がないものと解するのが，相当である。（最3小判昭52・7・19民集31巻4号693頁，判時865号49頁，判タ353号207頁）

　イ　訴訟判決と再訴

　　　法262条2項は，本案について終局判決があった後の取下げについての規定であるから，訴訟判決（後記158頁）があった後の取下げについては，再訴禁止の規定は適用されない。

7　訴えの取下げの擬制

当事者双方が，口頭弁論若しくは弁論準備手続の期日に出頭せず，又は弁論若しくは弁論準備手続における申述をしないで退廷若しくは退席をした場合において，1月以内に期日指定の申立てをしないときは，訴えの取下げがあったものとみなす。当事者双方が，連続して2回，口頭弁論若しくは弁論準備手続の期日に出頭せず，又は弁論若しくは弁論準備手続における申述をしないで退廷若しくは退席をしたときも，同様とする。　　　　　　　　　（法263条）

　　　1月の期間の計算は民法による（法95条1項，民法140条）。したがって期間は，欠席等をした期日の翌日から計算されることになる。

【判例⑩】本条所定の期間は不変期間ではないから，期日指定の申立ての追完は許されない。（最2小判昭33・10・17民集12巻14号3161頁）

第2　請求の放棄及び認諾

1　請求の放棄の意義

請求の放棄とは，原告が，自らの訴訟上の請求についてその理由がないことを自認して訴訟を終了させる行為である。

2　請求の認諾の意義

請求の認諾とは，被告が，原告の訴訟上の請求についてその理由があることを自認して訴訟を終了させる行為である。

3　請求の放棄，認諾の方式

請求の放棄又は認諾は，口頭弁論等の期日においてする。　　（法266条1項）

請求の放棄又は認諾をする旨の書面を提出した当事者が口頭弁論等の期日に出頭しないときは，裁判所又は受命裁判官若しくは受託裁判官は，その旨の陳述をしたものとみなすことができる。　　　　　　　　　　（同条2項）

訴えの取下げ並びに請求の放棄及び認諾は，進行協議期日においてもすることができる。　　　　　　　　　　　　　　　　　（規則95条2項）

【判例⑩】権利保護の資格を欠く不適法な訴えにおける請求の認諾はその効力を生じない。（最1小判昭28・10・15民集7巻10号1083頁，判タ34号49頁）

4　請求の放棄，認諾の法的性質

　　請求の放棄，認諾の法的性質については，実体法上の行為ではなく，訴訟行為であるとするのが通説である。

5　請求の放棄，認諾の効力

　　後記第3の5(2)（154頁）参照。

第3　訴訟上の和解

1　訴訟上の和解の意義

　　訴訟上の和解とは，訴訟の係属中に，裁判所が関与して，訴訟当事者が互譲により訴訟物に関して和解の合意をし，これによって訴訟を終了させるものである。

2　訴訟上の和解の法的性質

(1)　私法行為説

　　訴訟上の和解は，私法行為であるとする。

(2)　訴訟行為説

　　訴訟上の和解は，私法上の和解とは別個の，訴訟行為としての合意であるとする。

(3)　**両行為競合説**（両性説）

　　訴訟上の和解は，1個の行為ではあるが，私法上の性質と訴訟法上の性質の両面を持つとする。

(4)　**両行為併存説**

　　訴訟上の和解は，私法行為としての和解と訴訟行為としての和解が併存しているとする。

　　両行為競合説（両性説）が判例の主流をなすとされ（例として最1小判昭33・6・14民集12巻9号1492頁，後記【判例⑩】），学説上も(3)ないし(4)が多数説である。

【判例⑩】訴訟上の和解が成立したことによって訴訟が終了したことを宣言する終局判決である第1審判決に対し，被告のみが控訴し原告が控訴も附帯控訴もしなかった場合において，控訴審が，当該和解が無効であり，かつ，請求の一部に理由があるが第1審に差し戻すことなく自判をしようとするときには，控訴の全部を棄却するほかない。（最1小判平27・11・30民集69巻7号2154頁，判時2286号45頁，判タ1421号101頁）

　　訴訟上の和解の法的性質については，諸説が対立するが，判例は，訴訟上の和解は単なる訴訟行為ではなく，私法上の和解契約の性質も有すると

している。その結果，訴訟上の和解については，実体法と訴訟法を競合的に適用して，実体上の要件が欠ければ無効になると解している。（判例解説平成27年度557頁）

3 和解の試み

> 裁判所は，訴訟がいかなる程度にあるかを問わず，和解を試み，又は受命裁判官若しくは受託裁判官に和解を試みさせることができる。　　　　（法89条）

4 訴訟上の和解の要件

(1) 合意が，実体法上，当事者が自由に処分することができる権利関係についてなされること。

(2) 合意の内容が，強行法規や公序良俗に違反しないこと。

5 和解調書

(1) 和解調書の作成

　　和解調書の作成は，和解の効力発生要件であり，成立要件ではないと解されている。

(2) 和解調書の効力

> 和解又は請求の放棄若しくは認諾を調書に記載したときは，その記載は，確定判決と同一の効力を有する。　　　　　　　　　　　　（法267条）

【判例⑩】裁判上の和解は確定判決と同一の効力を有し，既判力を有するものと解すべきである。（最大判昭33・3・5民集12巻3号381頁）

(3) 和解の無効

　　前記2の両行為競合説（又は両行為併存説）のように，和解が私法上の性質と訴訟上の性質の両面を持つとすると，私法上の行為が無効となり又は取り消されれば訴訟上の行為である和解も当然無効となるから，成立した和解について要素の錯誤等の無効事由を主張できる。

　　和解調書の記載に既判力を認めつつ，合意について瑕疵がある場合には和解の効力は生じないとする考え方は，**制限的既判力説**と呼ばれている。

【判例⑩】要素に錯誤がある場合には，和解は無効である。（最1小判昭33・6・14民集12巻9号1492頁）

(4) 和解の無効を主張する方法

　　判例は，個別事件の具体的な状況に応じて，当事者の選択に従い，以下の救済手段をいずれも認めている（**選択説**）。

【口頭弁論調書（和解）】

第1回口頭弁論調書（和解）

事 件 の 表 示　　令和○年（ハ）第○○号
期　　　　　　日　　令和○年○月○日　午前○時○○分
場所及び公開の有無　　○○簡易裁判所民事○○号法廷で公開
裁　　判　　官　　○　○　○　○
裁 判 所 書 記 官　　○　○　○　○
出頭した当事者等　　原 告　○　○　○　○
　　　　　　　　　　被 告　○　○　○　○
　　　　　　　　　弁 論 の 要 領 等
原 告
　　訴状及び準備書面（令和○年○月○日付）各陳述
被 告
　　答弁書陳述
当事者間に次のとおり和解成立
第1　当事者の表示
　　別紙当事者目録記載のとおり
第2　請求の表示
　　請求の趣旨及び原因は訴状記載のとおりであるから，これを引用する。
第3　和解条項
　1　被告は，原告に対し，本件和解金として○○万円の支払義務があることを認
　　める。

（以下略）

裁判所書記官　○○○○（印）

　　　訴訟上の和解の無効を主張する方法について，判例は，①和解をした裁判
　　所に期日指定の申立てをして従来の訴えを続行する方法（大決昭和 6 年 4 月
　　22日・民集10巻380頁，最一小判昭和33年 6 月14日・民集12巻 9 号1492頁），
　　②和解無効の確認の訴えを提起する方法（大判大正14年 4 月24日・民集 4 巻
　　195頁，大判昭和 7 年11月25日・民集11巻2125頁），③請求異議の訴えを提起
　　して和解に基づく強制執行を否定する方法（大判昭和14年 8 月12日・民集18
　　巻903頁），④再審の訴えを提起する方法（大判昭和 7 年11月25日・民集11巻
　　2125頁）を認めている（なお，学説上は，このような判例の立場は便宜に過
　　ぎるとして，主張方法を一本に絞るべきだとの考えが強く，期日指定申立て
　　に絞るべきとの説と和解無効確認の訴えに絞るべきとの説等が主張されてい
　　たが，判例と同じく複数の方法から選択することを許す説も有力に主張され
　　ている。）。（判例解説平成27年度558頁，前記【判例⑩】）
　ア　期日指定の申立て
　　　和解をした裁判所に期日指定の申立てをして，従来の訴えを続行するこ
　　とができる。（最 1 小判昭33・ 6 ・14民集12巻 9 号1492頁，判例⑩と同じ）
　イ　和解無効確認の訴え
　　　別訴で和解無効確認の訴えを提起することができる。（最 1 小判昭38・
　　 2 ・21民集17巻 1 号182頁）
　ウ　請求異議の訴え
　　　請求異議の訴え（民事執行法35条）を起こして，和解に基づく強制執行
　　を否定することができる。（最 1 小判昭44・ 7 ・10民集23巻 8 号1450頁，
　　判時568号50頁，判タ238号120頁）
　　　大阪高判平 1 ・ 4 ・25（交民集22巻 2 号325頁，判時1325号70頁，判タ
　　707号212頁）は，請求異議の訴えにおいて，「既払額の多寡は本件和解に
　　おいて重要な前提事実になっていたものというべく，この点に関する錯誤
　　は要素の錯誤に該当するものと解すべきであり，本件和解は無効である。」
　　としている。
(5)　和解調書の更正決定
　　　和解調書に計算違い，誤記その他の明白な誤りがあるときは，判決につい
　　ての法257条が準用され，申立て又は職権により更正決定をすることができ
　　る。（最 2 小判昭42・ 7 ・21民集21巻 6 号1615頁，判時494号43頁，判タ210
　　号152頁）
　　　ただし，和解調書の実質的内容を変更するような更正決定は許されない。

6　訴訟費用の負担

　　当事者が裁判所において和解をした場合において，和解の費用又は訴訟費用の負担について特別の定めをしなかったときは，その費用は，各自が負担する。

（法68条）

7　和解の解除

　　訴訟上の和解が有効に成立した後に，その和解条項を当事者が履行しない場合，和解の内容である私法上の契約を解除することができるが，訴訟終了の効果は影響を受けず，旧訴は復活しないとするのが判例・多数説である。

【判例⑩】訴訟が訴訟上の和解によって終了した場合においては，その後その和解の内容たる私法上の契約が債務不履行のため解除されるに至ったとしても，そのことによっては，単にその契約に基づく私法上の権利関係が消滅するのみであって，和解によって一旦終了した訴訟が復活するものではない。（最 1 小判昭43・2・15民集22巻 2 号184頁，判時513号36頁，判タ219号81頁）

　　この場合，原告は，旧訴の請求について新訴を提起することができ，新訴の提起は二重訴訟（前記47頁）にはならない。

8　和解条項案の書面による受諾

(1)　和解条項案の書面による受諾

　　当事者が遠隔の地に居住していることその他の事由により出頭することが困難であると認められる場合において，その当事者があらかじめ裁判所又は受命裁判官若しくは受託裁判官から提示された和解条項案を受諾する旨の書面を提出し，他の当事者が口頭弁論等の期日に出頭してその和解条項案を受諾したときは，当事者間に和解が調ったものとみなす。

（法264条）

(2)　和解条項案の提示の方法

　　法第264条（和解条項案の書面による受諾）の規定に基づき裁判所又は受命裁判官若しくは受託裁判官が和解条項案を提示するときは，書面に記載してしなければならない。この書面には，同条に規定する効果を付記するものとする。

（規則163条 1 項）

(3)　受諾書面を提出した当事者の真意確認

> 　前項の場合において，和解条項案を受諾する旨の書面の提出があったときは，裁判所等は，その書面を提出した当事者の真意を確認しなければならない。
>
> (同条2項)

(4) 和解の調書記載及び受諾書面の提出者への通知

> 　法第264条の規定により当事者間に和解が調ったものとみなされたときは，裁判所書記官は，当該和解を調書に記載しなければならない。この場合において，裁判所書記官は，和解条項案を受諾する旨の書面を提出した当事者に対し，遅滞なく，和解が調ったものとみなされた旨を通知しなければならない。
>
> (同条3項)

第4　終局判決

> 　裁判所は，訴訟が裁判をするのに熟したときは，終局判決をする。
>
> (法243条1項)
>
> 　裁判所は，訴訟の一部が裁判をするのに熟したときは，その一部について終局判決をすることができる。　　　　　　　　　　(同条2項)
>
> 　前項の規定は，口頭弁論の併合を命じた数個の訴訟中その一が裁判をするのに熟した場合及び本訴又は反訴が裁判をするのに熟した場合について準用する。
>
> (同条3項)

1　終局判決
 (1) 終局判決の意義
　　終局判決とは，事件の全部又は一部をその審級につき完結させる判決である。
 (2) 終局判決の種類
　ア　訴訟判決
　　訴訟判決（訴え却下判決）とは，訴訟要件の欠缺を理由に訴えを不適法として却下する終局判決である。
　イ　本案判決
　　本案判決とは，訴えによる請求につき理由があるか否かを判断する終局判決である。
　　　裁判所は，訴えが訴訟要件を具備するときは，本案判決をしなければならない。原告の請求が理由のないときは，原告の請求を棄却し，原告の請

求が理由のあるときは，理由のある範囲に応じて全部認容又は一部認容の本案判決をすることになる。

(3)　判決事項

> 裁判所は，当事者が申し立てていない事項について，判決をすることができない。　　　　　　　　　　　　　　　　　　　　　　　　　　（法246条）

ア　本条の趣旨

　　本条は，私法上の権利が私的自治の原則に服することに対応して，私法上の権利に関する法的紛争の解決を目的とする民事訴訟手続においては，処分権主義がとられることを定めた規定である。

イ　処分権主義

　　処分権主義とは，原告がその意思で訴訟を開始させ，かつ審判の対象を設定・限定することができ，更に当事者がその意思で判決によらずに訴訟を終了させることができるという原則をいう。

ウ　当事者の申立事項

　　訴えの場合に，本条にいう当事者の申立事項とは，当事者の主張する請求，すなわち訴訟物（前記50頁）をいう。

　　最 3 小判平24・1・31（裁判集民239号659頁）は，「当事者が土地賃借権そのものを有することの確認を求め，地代額の確認まで求めたとはいえないにもかかわらず，判決主文で地代額を確認したことは，当事者が申し立てていない事項について判決をした違法がある。」としている。

2　既判力

> 確定判決は，主文に包含するものに限り，既判力を有する。（法114条 1 項）
> 　相殺のために主張した請求の成立又は不成立の判断は，相殺をもって対抗した額について既判力を有する。　　　　　　　　　　　　　　　　　　（同条 2 項）

(1)　既判力の意義

　　既判力とは，確定した裁判の内容が，訴訟当事者及び裁判所を拘束し，これに反する主張や判断の余地をなくする効力をいう。

(2)　既判力が作用する場合

　　既判力は，その対象となる事項が確定判決後の後訴において再び判断対象（訴訟物）となる場合に作用する。既判力が作用するのは，次の 3 つの場合である。

ア　訴訟物が同一の場合

　　　後訴の訴訟物が前訴の訴訟物と同一の場合，既判力が作用する。

　　　例えば，所有権確認の前訴で敗訴した原告が，再び自己の所有権確認を求めて後訴を提起する場合である。

　　　所有権確認の訴えにおいて，原告の請求を棄却する判決が確定した場合には，原告の所有権（及びその一部である共有持分）の不存在を確定することになるから，原告が後訴において，前訴の基準時以前に生じた共有持分の取得原因事実を主張することは，前訴の確定判決の既判力に抵触して許されない。

【判例⑪】前訴で単独所有権確認の訴えを提起して敗訴した原告が，同一の不動産について，後訴で共有持分権を有することの確認を求めることは，前訴の確定判決の既判力に抵触して許されない。（最2小判平9・3・14裁判集民182号553頁，判時1600号89頁，判タ937号104頁）

　イ　訴訟物が異なる場合
　　㈎　矛盾関係になる場合
　　　前訴の訴訟物と後訴の訴訟物が実体法上矛盾関係になる場合，既判力が作用する。

　　　例えば，原告の所有権を確認する前訴判決のあった後に，被告が同一物について自己の所有権の確認を求めて後訴を提起する場合である。所有権の主体が異なるので訴訟物は異なるが，実体法上の一物一権主義により矛盾関係となる。既判力が作用して，後訴は請求棄却となる。

　　㈏　先決関係にある場合
　　　前訴の訴訟物が後訴の訴訟物の先決問題となっている場合，既判力が作用する。

　　　例えば，前訴の土地所有権確認訴訟で勝訴判決を得た原告が，後訴で土地所有権に基づいて同一被告に対して明渡しを求める場合である。訴訟物は異なるが，前訴判決の原告の所有権の存在を前提として（既判力が作用して），後訴の判断がなされる。

　　　ただし，所有権に基づく登記請求についての判断と所有権とは，先決関係にならない。所有権に基づく登記請求訴訟の判決理由において所有権の存在を確認していても，判決理由中の判断には既判力が生じない（法114条1項，159頁）ためである。

【判例⑫】所有権に基づく登記請求を認容した確定判決は，その理由において所有権の存在を確認している場合であっても所有権の存否についての既判力を有しない。（最1小判昭30・12・1民集9巻13号1903頁，判時65号9頁，

判タ53号48頁）

(3)　既判力をもつ裁判

　　訴訟判決にも既判力を肯定するのが判例・通説である。

【判例⑬】住民訴訟における共同訴訟参加の申出は，これと当事者，請求の趣旨及び原因が同一である別訴において適法な住民監査請求を前置していないことを理由に訴えを却下する判決が確定している場合には，当該判決の既判力により不適法な申出として却下されるべきである。（最 2 小判平22・7・16民集64巻 5 号1450頁，判時2098号42頁，判タ1337号119頁）

(4)　既判力の基準時

　ア　既判力の基準時

　　既判力の基準時は，事実審の口頭弁論の終結時である。控訴審判決の場合には，控訴審の口頭弁論終結時である。

確定判決についての異議の事由は，口頭弁論の終結後に生じたものに限る。

（民事執行法35条 2 項）

　　判決書には，口頭弁論の終結の日を記載することになっている。（法253条 1 項 4 号，後記186頁）

　イ　形成権の行使

　　㋐　取消権等の形成権

　　　既判力の基準時前にすでに成立していた取消権等の形成権を，基準時以後に行使して後訴で主張することは，原則としてできない。

【判例⑭】売買を請求原因とする所有権確認の判決が確定したのちは，後訴において詐欺を理由に右売買を取り消して所有権の存否を争うことは許されない。（最 1 小判昭55・10・23民集34巻 5 号747頁，判時983号73頁，判タ427号77頁）

　　㋑　相殺権

　　　形成権のうち，相殺権については，前訴の口頭弁論終結前に相殺適状にあって前訴で行使できた場合でも，基準時後に行使して後訴で主張することを認めるのが判例・通説である。

【判例⑮】債務名義たる判決の基礎となる口頭弁論の終結前に相殺適状にあったとしても，右弁論終結後になされた相殺の意思表示により債務が消滅した場合には，右債務の消滅は，請求異議の原因となりうる。（最 2 小判昭40・4・2 民集19巻 3 号539頁，判時414号25頁，判タ178号101頁）

　　㋒　建物買取請求権

　　　　形成権のうち，建物買取請求権についても，基準時後に行使すること
　　　を認めるのが判例・通説である。

【判例⑯】土地の賃借人が賃貸人から提起された建物収去土地明渡請求訴訟の事実
　　　審口頭弁論終結後に建物買取請求権を行使した場合，その行使の効果は，
　　　建物収去土地明渡請求を認容する確定判決に対する請求異議の訴えにおけ
　　　る異議の事由となる。（最2小判平7・12・15民集49巻10号3051頁，判時
　　　1553号86頁，判タ897号247頁）

　　　㈍　白地補充権
　　　　白地手形による手形金請求を棄却する判決の確定後に白地部分を補充
　　　して手形上の権利の存在を主張することは許されない。

【判例⑰】白地手形の所持人は，手形金請求の前訴において，事実審口頭弁論終結
　　　前に白地補充権を行使しえたのにこれを行使しないため手形要件を欠くと
　　　して請求棄却の判決を受け，これが確定したときは，特段の事情のない限
　　　り，その後に白地部分を補充しても，後訴において手形上の権利の存在を
　　　主張することは許されない。（最3小判昭57・3・30民集36巻3号501頁，
　　　判時1045号118頁，判タ471号116頁）

　　ウ　賃料増減額確認請求訴訟の基準時
　　　　賃料増減額確認請求訴訟の訴訟物は，賃料が増減された日から事実審の
　　　口頭弁論終結時までの期間の賃料額（期間説）ではなく，賃料増減請求の
　　　効果が生じた時点の相当賃料額（時点説）である。

【判例⑱】賃料増減額確認請求訴訟の確定判決の既判力は，原告が特定の期間の賃
　　　料額について確認を求めていると認められる特段の事情のない限り，前提
　　　である賃料増減請求の効果が生じた時点の賃料額に係る判断について生ず
　　　る。（最1小判平26・9・25民集68巻7号661頁，判時2238号14頁，判タ
　　　1407号69頁）

　(5)　既判力の範囲
　　ア　既判力の客観的範囲
　　　　前記のとおり，確定判決は，主文に包含するものに限り，既判力を有す
　　　る。（法114条1項，159頁）
　　イ　争点効
　　　㈠　争点効の意義
　　　　争点効とは，前訴で当事者が主要な争点として争い，かつ，裁判所が
　　　これを審理して下したその争点についての判決理由中の判断に，既判力
　　　類似の拘束力（争点効）を一定の限度で後訴に及ぼさせるべきであると

する考え方である。

　(イ)　争点効の有無

　　　最高裁は，次のとおり争点効を否定している。

【判例⑲】確定判決の理由中の判断は，既判力およびこれに類似する効力（いわゆ
　　る争点効）を有するものではない。（最3小判昭44・6・24裁判集民95号
　　613頁，判時569号48頁，判タ239号143頁）

　　　最高裁のこの考え方は，その後も維持されている。

【判例⑳】所有権に基づく登記請求を認容した確定判決は，その理由において所有
　　権の存否を確認している場合であっても，所有権の存否について既判力に
　　類似する効力（いわゆる争点効）を有するものではない。（最2小判昭
　　56・7・3裁判集民133号241頁，判時1014号69頁，判タ450号88頁）

　ウ　**信義則による遮断効**

　　　判例は，後訴での主張が信義則によって遮断されることがあることを認
　　めている。

【判例㉑】農地の買収処分を受けた甲が，その売渡を受けた乙に対し，乙から右農
　　地を買い戻したことを原因として所有権移転登記手続請求訴訟を提起し，
　　請求棄却の判決を受け，これが確定したのち，更に，買収処分の無効を原
　　因として乙及びその承継人に対し，売渡による所有権移転登記及びこれに
　　続く所有権移転登記の抹消に代わる所有権移転登記手続請求の訴を提起し
　　た場合において，甲が，前訴においても，買収処分が無効であり，右買戻
　　の契約は買収処分の無効による農地返還を実現する方法として締結したも
　　のであると主張していて，後訴が実質的に前訴のむし返しであり，かつ，
　　前訴において後訴の請求をすることに支障はなく，更に，後訴提起時は買
　　収処分後約20年を経過していた等判示の事情があるときは，甲の後訴の提
　　起は，信義則に反し許されない。（最1小判昭51・9・30民集30巻8号799
　　頁，判時829号47頁，判タ341号161頁）

　　　本判決のように，信義則といった融通性に富む一般条項を決定的な基準
　　として訴えの適否を決めることは，不安定な結果を招きやすいことは否定
　　することができない。信義則を適用して訴を却下するのは，慎重であるこ
　　とがのぞまれるのであり，本判決は狭く限定された射程距離しかもたない
　　ものと考えるべきであろう。（判例解説昭和51年度328頁）

　　　次の判決は，信義則を適用して訴えを却下するというような解決を安易
　　に選択すべきではないことを示した事例判例である。

【判例㉒】不動産について登記原因たる贈与を否定して所有権移転登記の抹消登記

手続を求める前訴を提起して敗訴した者が，右贈与の不履行を理由に贈与契約を解除したとして所有権移転登記を求める後訴を提起した場合において，後訴の提起は信義則に反するものとはいえないとされた事例。（最1小判昭59・1・19裁判集民141号1頁，判時1105号48頁，判タ519号136頁）

エ　既判力の主観的範囲

(ア)　確定判決等の効力が及ぶ者の範囲

確定判決は，次に掲げる者に対してその効力を有する。

一　当事者

二　当事者が他人のために原告又は被告となった場合のその他人

三　前2号に掲げる者の口頭弁論終結後の承継人

四　前3号に掲げる者のために請求の目的物を所持する者　　　（法115条1項）

前項の規定は，仮執行の宣言について準用する。　　　　　　（同条2項）

本条は，既判力の主観的範囲に関する原則的規定である。

【判例⑫】通謀による虚偽の登記名義を真正なものに回復するための所有権移転登記手続請求訴訟における被告敗訴の確定判決は，口頭弁論終結後被告から善意で当該不動産を譲り受けた第三者に対してその効力を有しない。（最1小判昭48・6・21民集27巻6号712頁，判時722号61頁）

2項は，仮執行の宣言について1項を準用することを規定しているが，執行力の主観的範囲（強制執行をすることができる者の範囲）については，民事執行法23条に規定されている。

(イ)　強制執行をすることができる者の範囲

執行証書以外の債務名義による強制執行は，次に掲げる者に対し，又はその者のためにすることができる。

一　債務名義に表示された当事者

二　債務名義に表示された当事者が他人のために当事者となつた場合のその他人

三　前2号に掲げる者の債務名義成立後の承継人　　　（民事執行法23条1項）

第1項に規定する債務名義による強制執行は，同項各号に掲げる者のために請求の目的物を所持する者に対しても，することができる。　　　（同条3項）

オ　反射効

(ア)　反射効の意義

反射効とは，当事者間に既判力の拘束があることが，当事者と実体法

上特別な関係に立つ第三者に，反射的に有利又は不利な影響を及ぼすことをいう。

　　(イ)　反射効の有無

　　　　判例は，反射効を認めることについて消極的である。

【判例⑫】債権者から保証人に対する保証債務履行請求訴訟における保証人敗訴の判決が確定した後に債権者から主債務者に対する主債務履行請求訴訟における主債務者勝訴の判決が確定しても，主債務者勝訴の判決が保証債務履行請求訴訟の事実審口頭弁論終結の時までに生じた事由に基づいてされているときは，保証人は，右の主債務者勝訴の確定判決を保証人敗訴の確定判決に対する請求異議の事由にすることはできない。（最1小判昭51・10・21民集30巻9号903頁，判時836号49頁，判タ344号181頁）

　　　　本判決は主債務・保証債務間の反射効を認めるか否かについてはなんら態度を表明していない。この類型の反射効は認めやすく，通説がこれを認めているのに，さらに本件一，二審判決がこれを認めているのに，本判決が仮定論で終始したのは，本件では結論的にはこれを否定するのを相当とする事例であったことも一つの理由かもしれないが，反射効に対する最高裁の慎重な態度を看取することができないでもない。（判例解説昭和51年度385頁）

【判例⑫】不真正連帯債務者中の1人と債権者との間の訴訟における確定判決は，それが訴訟物たる債権の相殺による消滅を認めるものである場合にも，他の債務者には効力を及ぼさない。（最1小判昭53・3・23裁判集民123号273頁，判時886号35頁）

3　仮執行宣言

　財産権上の請求に関する判決については，裁判所は，必要があると認めるときは，申立てにより又は職権で，担保を立てて，又は立てないで仮執行をすることができることを宣言することができる。　　　　　　　　（法259条1項）

　(1)　仮執行宣言の意義

　　　仮執行宣言とは，まだ確定していない判決に，確定した場合と同様の執行力を与える裁判である。

　　ア　仮執行の宣言

　　　　仮執行の宣言は，判決の主文に掲げる。（法259条4項，167頁）

　　イ　仮執行宣言の申立ての却下

　　　　仮執行宣言の申立てを却下する場合は，判決の理由中に，理由がないか

ら却下することを明らかにしておく。（後記第10章第4の7(2)，205頁）
　　ウ　給付判決
　　　　財産上の請求については，性質上仮執行の宣言を付すことが相当でない
　　　場合を除いて，仮執行の宣言を付すのが原則である。
　　　　給付判決のうち意思表示を求める訴えの判決については，仮執行の宣言
　　　を付すことはできないとするのが判例・通説である。
【判例⑫】登記手続を命じる判決については，仮執行の宣言を付すことはできない。
　　　　（最1小判昭41・6・2裁判集民83号675頁，判時464号25頁，判タ199号
　　　119頁）
　　　　訴訟費用の裁判にも，仮執行の宣言を付すことができる。
　　エ　確認判決，形成判決
　　　　確認判決，形成判決についても，仮執行の宣言を付すことは可能である
　　　が，実務ではほとんど付されていない。
　(2)　手形判決等における必要的仮執行宣言

　　　手形又は小切手による金銭の支払の請求及びこれに附帯する法定利率による
　損害賠償の請求に関する判決については，裁判所は，職権で，担保を立てない
　で仮執行をすることができることを宣言しなければならない。ただし，裁判所
　が相当と認めるときは，仮執行を担保を立てることに係らしめることができ
　る。　　　　　　　　　　　　　　　　　　　　　　　　　　　（同条2項）

　(3)　仮執行免脱宣言

　　　裁判所は，申立てにより又は職権で，担保を立てて仮執行を免れることがで
　きることを宣言することができる。　　　　　　　　　　　　　（同条3項）

　　ア　仮執行免脱の意義
　　　　仮執行免脱とは，敗訴した当事者に，判決による仮執行を免れさせるこ
　　　とである。仮執行宣言に際して，同時に仮執行免脱を宣言する裁判を**仮執
　　　行の免脱宣言**という。
　　イ　仮執行免脱のための担保の性質
【判例⑫】仮執行の免脱の宣言に付せられる担保は，その判決の確定に至るまで，
　　　勝訴原告が仮執行をすることができなかったことによって被ることのある
　　　べき損害のみを担保するものであって，本案の請求それ自体までも担保す
　　　るものではないと解するのが相当である。（最2小判昭43・6・21民集22
　　　巻6号1329頁，判時525号42頁，判タ224号141頁）

> 仮執行の宣言は，判決の主文に掲げなければならない。前項の規定による宣
> 言についても，同様とする。　　　　　　　　　　　　　　　（法259条4項）

　　　仮執行の宣言及び仮執行免脱の宣言の主文については，後記第10章第2の
　　4(5)(6)（193頁）。

4　訴訟費用

(1)　訴訟費用の意義

　　訴訟費用（狭義の訴訟費用）とは，当事者が支出する訴訟費用のうち，権
　利の伸長又は防御に必要な範囲での訴訟費用をいう。

(2)　訴訟費用の範囲

　　当事者等が負担すべき訴訟費用の範囲については，民事訴訟費用等に関す
　る法律（昭和46年法律第40号）に定められている。

> 　民事訴訟法その他の民事訴訟等に関する法令の規定により当事者等又はその
> 他の者が負担すべき民事訴訟等の費用の範囲は，次の各号に掲げるものとし，
> その額は，それぞれ当該各号に定めるところによる。（以下略）
> 　　　　　　　　　　　　　　　　　　（民事訴訟費用等に関する法律2条）

【判例⑱】当事者が準備書面の直送をするためにした支出については，民事訴訟費
　　　　用等に関する法律2条2号の規定は類推適用されないと解するのが相当で
　　　　ある。（最1小決平26・11・27民集68巻9号1486頁，判時2300号42頁，判
　　　　タ1423号135頁）

(3)　訴訟費用の負担

ア　訴訟費用の負担の原則

> 　訴訟費用は，敗訴の当事者の負担とする。　　　　　　　　　　（法61条）

　　　訴訟費用の負担については，原則として敗訴者の負担となる。

イ　一部敗訴の場合の負担

> 　一部敗訴の場合における各当事者の訴訟費用の負担は，裁判所が，その裁量
> で定める。ただし，事情により，当事者の一方に訴訟費用の全部を負担させる
> ことができる。　　　　　　　　　　　　　　　　　　　　　　（法64条）

(4)　訴訟費用の負担の裁判

> 裁判所は，事件を完結する裁判において，職権で，その審級における訴訟費用の全部について，その負担の裁判をしなければならない。ただし，事情により，事件の一部又は中間の争いに関する裁判において，その費用についての負担の裁判をすることができる。　　　　　　　　　　　（法67条1項）

　　　訴訟費用の負担については，裁判所は，当事者の申立ての有無にかかわらず，職権で裁判をしなければならない。

5　判決言渡し
(1)　判決言渡し
ア　判決の発効

> 判決は，言渡しによってその効力を生ずる。　　　　　　　　（法250条）

　　　言渡しのない判決は，たとえ形式上完全な判決正本として当事者に送達されたとしても，判決としての効力を生じない。（大判明37・6・6民録10輯812頁）

イ　言渡期日
(ア)　判決を言い渡すべき時期

> 判決の言渡しは，口頭弁論の終結の日から2月以内にしなければならない。ただし，事件が複雑であるときその他特別の事情があるときは，この限りでない。　　　　　　　　　　　　　　　　　　　　　　　（法251条1項）

(イ)　判決言渡期日における当事者の在廷

> 判決の言渡しは，当事者が在廷しない場合においても，することができる。　　　　　　　　　　　　　　　　　　　　　　　　　　　（同条2項）

(2)　判決言渡しの方式
ア　判決言渡しの方式の原則

> 判決の言渡しは，判決書の原本に基づいてする。　　　　　（法252条）

　　　法252条は，判決言渡しの方式の原則を定めたものである。判決書の原本は，判決の言渡し前に完成していなければならない。

イ　判決言渡しの方法

> 判決の言渡しは，裁判長が主文を朗読してする。　　　（規則155条1項）
>
> 裁判長は，相当と認めるときは，判決の理由を朗読し，又は口頭でその要領を告げることができる。　　　　　　　　　　　　　　　　　　　　　（同条2項）

6　言渡しの方式の特則

（1）調書判決

　ア　判決原本に基づかない判決の言渡し

> 次に掲げる場合において，原告の請求を認容するときは，判決の言渡しは，第252条の規定にかかわらず，判決書の原本に基づかないですることができる。
>
> 一　被告が口頭弁論において原告の主張した事実を争わず，その他何らの防御の方法をも提出しない場合
>
> 二　被告が公示送達による呼出しを受けたにもかかわらず口頭弁論の期日に出頭しない場合（被告の提出した準備書面が口頭弁論において陳述されたものとみなされた場合を除く。）　　　　　　　　　　　　　　（法254条1項）

　　　　法254条は，判決言渡しの方式について，法252条の例外を定めるものである。

　イ　調書判決

> 前項の規定により判決の言渡しをしたときは，裁判所は，判決書の作成に代えて，裁判所書記官に，当事者及び法定代理人，主文，請求並びに理由の要旨を，判決の言渡しをした口頭弁論期日の調書に記載させなければならない。
>
> （同条2項）

（2）調書判決の言渡しの方式

> 前2項の規定にかかわらず，法第254条（言渡しの方式の特則）第1項の規定による判決の言渡しは，裁判長が主文及び理由の要旨を告げてする。
>
> （規則155条3項）

第9章　民事訴訟制度のIT化

　民事訴訟法等の一部を改正する法律（令和4年法律第48号，以下「改正法」という。）が，令和4年5月25日に公布され，原則として公布の日から起算して4年を超えない範囲内において政令で定める日から施行されることとなった。改正法には，先行して施行される部分もあるため，民事訴訟制度のIT化を中心として，改正法についても記述を加えることとした。

第1　改正法の施行期日
　　改正法の施行期日は，以下のとおりである。

1　改正法の施行期日

> 　この法律は，公布の日から起算して4年を超えない範囲内において政令で定める日から施行する。ただし，次の各号に掲げる規定は，当該各号に定める日から施行する。　　　　　　　　　　　　　　　　　（改正法附則1条）

2　先行して施行される主な改正

改　正　内　容	改正法の規定	施　行　日
当事者の住所・氏名等の秘匿制度を創設する改正	133条から133条の4まで	令和5年2月20日（同附則1条2号）
当事者双方が電話会議，ウェブ会議により和解期日及び弁論準備手続期日に参加することを可能とする改正	89条2項及び3項170条3項	令和5年3月1日（同附則1条3号）
ウェブ会議による口頭弁論期日を実施することを可能とする改正	87条の2	公布の日から起算して2年を超えない範囲内において政令で定める日（同附則1条4号）

第2　オンライン提出等
　　改正法により，訴状等や攻撃防御方法のインターネットを利用した提出が可能となる。

1　電子情報処理組織による申立て等
　(1)　電子情報処理組織による申立て等
　　　ア　電子情報処理組織による申立て等

> 　民事訴訟に関する手続における申立てその他の申述のうち，当該申立て等に関するこの法律その他の法令の規定により書面等をもってするものとされているものであって，裁判所に対してするものについては，当該法令の規定にかかわらず，最高裁判所規則で定めるところにより，最高裁判所規則で定める電子情報処理組織を使用して当該書面等に記載すべき事項をファイルに記録する方法により行うことができる。　　　　　　　　　　（改正法132条の10第1項）

　　イ　書面等を要する申立等への適用

> 　前項の方法によりされた申立て等については，当該申立て等を書面等をもってするものとして規定した申立て等に関する法令の規定に規定する書面等をもってされたものとみなして，当該法令その他の当該申立て等に関する法令の規定を適用する。　　　　　　　　　　　　　　　　　　　　　（同第2項）

　　ウ　裁判所への到達時期

> 　電子情報処理組織を使用する申立て等は，当該電子情報処理組織を使用する申立て等に係る事項がファイルに記録された時に，当該裁判所に到達したものとみなす。　　　　　　　　　　　　　　　　　　　　　　　　　（同第3項）

　　エ　署名押印に代わる措置

> 　第1項の場合において，当該申立て等に関する他の法令の規定により署名等をすることとされているものについては，当該申立て等をする者は，当該法令の規定にかかわらず，当該署名等に代えて，最高裁判所規則で定めるところにより，氏名又は名称を明らかにする措置を講じなければならない。（同第4項）

　　オ　送達の方法

> 　電子情報処理組織を使用する申立て等がされたときは，当該電子情報処理組織を使用する申立て等に係る送達は，当該電子情報処理組織を使用する申立て等に係る法令の規定にかかわらず，当該電子情報処理組織を使用する申立て等によりファイルに記録された事項に係る電磁的記録の送達によってする。　　　　　　　　　　　　　　　　　　　　　　　　　（同第5項）

　　カ　申立て等に関する法令の適用

> 　前項の方法により行われた電子情報処理組織を使用する申立て等に係る送達については，当該電子情報処理組織を使用する申立て等に関する法令の規定に規定する送達の方法により行われたものとみなして，当該送達に関する法令その他の当該電子情報処理組織を使用する申立て等に関する法令の規定を適用する。　　　　　　　　　　　　　　　　　　　　　　　　　　　　（同第6項）

キ　最高裁判所規則

　　書類の電子提出をすることを可能とするための規則として，「民事訴訟法第132条の10第1項に規定する電子情報処理組織を用いて取り扱う民事訴訟手続における申立てその他の申述等に関する規則」（令和4年最高裁判所規則第1号，mints 規則）が令和4年1月14日に公布された（以下「電子申立て規則」という。）。

　　また，同規則から委任を受けて制定された「民事訴訟法第132条の10第1項に規定する電子情報処理組織を用いて取り扱う民事訴訟手続における申立てその他の申述等に関する規則施行細目」（令和4年最高裁判所告示第1号，mints 細則）も同日に告示された。

　　同規則及び同細目の施行期日は，令和4年4月1日である。

ク　ミンツ（mints）とツリーズ（TreeeS）

　　これにより，最高裁判所が開発して先行導入した「民事裁判書類電子提出システム」mints（ミンツ）を用いて，書類の電子提出をすることができることとなった。

　　また，最高裁判所は現在，「民事訴訟手続の IT 化に係るシステム全体」として，TreeeS（ツリーズ，Trial e-filing e-case management e-court Systems）の開発を進めている。

(2)　電子申立て等の対象範囲等

ア　電子情報処理組織を用いてすることができる申立て等

> 　民事訴訟法第132条の10第1項の規定により電子情報処理組織を用いてすることができる申立て等のうち，民事訴訟規則第3条第1項の規定により書面等をファクシミリを利用して送信することにより裁判所に提出することができるものについては，次条第1項及び第2項に規定する方法により，電子情報処理組織を用いてすることができる。ただし，当事者双方に委任を受けた訴訟代理人があり，かつ，当事者双方において電子情報処理組織を用いて申立て等をすることを希望する事件その他裁判所が相当と認める事件における申立て等に限

る。　　　　　　　　　　　　　　　　　　　（電子申立て規則1条1項）

　イ　指定裁判所の官報告示

　法第132条の10第1項の規定により電子情報処理組織を用いて民事訴訟に関する手続における申立て等を取り扱う裁判所が定められたときは，最高裁判所長官は，これを官報で告示しなければならない。　　　　　　　　（同条2項）

　　上記の申立て等を取り扱う裁判所として，これまでに次の裁判所が定められている。
　　令和4年4月21日から取扱いが開始された裁判所は，甲府地方裁判所及び大津地方裁判所である。
　　同年6月28日から取扱いが開始された裁判所は，知的財産高等裁判所，東京地方裁判所及び大阪地方裁判所である。

　ウ　電子申立て等の方式等

　前条第1項の規定により電子情報処理組織を用いてする申立て等は，最高裁判所の細則で定めるところにより，当該電子申立て等をする者の使用に係る電子計算機から電子情報処理組織を用いてしようとする申立て等に関する法令の規定により書面等に記載すべきこととされている事項を入力する方法により行わなければならない。　　　　　　　　　　　　　（電子申立て規則2条1項）

　エ　識別符号及び暗証符号の入力

　電子申立て等は，最高裁判所の細則で定めるところにより付与された識別符号及び最高裁判所の細則で定める方法により設定された暗証符号を前項の電子計算機から入力する方法により行わなければならない。　　　　　（同条2項）

　オ　数通提出の擬制

　前条第1項の規定により電子情報処理組織を用いてすることができる申立て等のうち，当該申立て等に関する民事訴訟規則の規定に提出すべき書面等の通数が規定されているものについて電子申立て等がされたときは，当該規定に規定する通数の書面等が提出されたものとみなす。　　　　　　（同条3項）

　カ　電子申立て等に使用した書面の提出

> 裁判所は，必要があると認めるときは，電子申立て等をした者に対し，当該電子申立て等に使用した書面を提出させることができる。　　　　（同条4項）

(3)　氏名又は名称を明らかにする措置

> 法第132条の10第4項に規定する氏名又は名称を明らかにする措置は，前条第2項の識別符号及び暗証符号を電子申立て等をする者の使用に係る電子計算機から入力することとする。　　　　（電子申立て規則3条）

(4)　電子情報処理組織による文書の写しの提出
　　ア　準文書の場合への準用

> 第1条第1項ただし書に規定する事件における民事訴訟規則第137条第1項（同規則第147条において準用する場合を含む。以下同じ。）の規定による文書の写しの提出は，同項の規定にかかわらず，電子情報処理組織を用いてすることができる。　　　　（電子申立て規則4条1項）

　　イ　電子申立て等に関する規定の準用

> 法第132条の10第3項，第5項及び第6項の規定並びに第2条の規定は，前項の規定による文書の写しの提出について準用する。この場合において，同条第1項中「電子情報処理組織を用いてしようとする申立て等に関する法令の規定により書面等に記載すべきこととされている事項」とあるのは，「当該文書をスキャナにより読み取る方法その他これに類する方法により作成した電磁的記録」と読み替えるものとする。　　　　（同条2項）

2　電子情報処理組織による申立て等の特例
　　改正法により，弁護士等は，オンライン提出・受取が義務化される。

> 次の各号に掲げる者は，それぞれ当該各号に定める事件の申立て等をするときは，前条第1項の方法により，これを行わなければならない。ただし，口頭ですることができる申立て等について，口頭でするときは，この限りでない。
> 一　訴訟代理人のうち委任を受けたもの（第54条第1項ただし書の許可を得て訴訟代理人となったものを除く。）　当該委任を受けた事件
> 二　国の利害に関係のある訴訟についての法務大臣の権限等に関する法律第2条，第5条第1項，第6条第2項，第6条の2第4項若しくは第5項，第6条の3第4項若しくは第5項又は第7条第3項の規定による指定を受けた者

　　当該指定の対象となった事件

三　地方自治法第153条第1項の規定による委任を受けた職員　当該委任を受
　けた事件　　　　　　　　　　　　　　　　　（改正法132条の11第1項）

　前項各号に掲げる者は，第109条の2第1項ただし書の届出をしなければな
らない。　　　　　　　　　　　　　　　　　　　　　　　　　（同第2項）

　第1項の規定は，同項各号に掲げる者が裁判所の使用に係る電子計算機の故
障その他その責めに帰することができない事由により，電子情報処理組織を使
用する方法により申立て等を行うことができない場合には，適用しない。
　　　　　　　　　　　　　　　　　　　　　　　　　　　　　（同第3項）

3　電磁的記録の送達

　改正法により，裁判所からの送達をオンラインによることも可能になる。

(1)　電磁的記録に記録された事項を出力した書面による送達

　電磁的記録の送達は，特別の定めがある場合を除き，前款の定めるところに
より，この法律その他の法令の規定によりファイルに記録された送達すべき電
磁的記録に記録されている事項を出力することにより作成した書面によってす
る。　　　　　　　　　　　　　　　　　　　　　　　　　　（改正法109条）

(2)　電子情報処理組織による送達（システム送達）

　電磁的記録の送達は，前条の規定にかかわらず，最高裁判所規則で定めると
ころにより，送達すべき電磁的記録に記録されている事項につき次条第1項第
1号の閲覧又は同項第2号の記録をすることができる措置をとるとともに，送
達を受けるべき者に対し，最高裁判所規則で定める電子情報処理組織を使用し
て当該措置がとられた旨の通知を発する方法によりすることができる。ただ
し，当該送達を受けるべき者が当該方法により送達を受ける旨の最高裁判所規
則で定める方式による届出をしている場合に限る。（改正法109条の2第1項）

(3)　電子情報処理組織による送達の効力発生の時期

　前条第1項の規定による送達は，次に掲げる時のいずれか早い時に，その効
力を生ずる。

一　送達を受けるべき者が送達すべき電磁的記録に記録されている事項を最高
　裁判所規則で定める方法により表示をしたものの閲覧をした時

二　送達を受けるべき者が送達すべき電磁的記録に記録されている事項につい

てその使用に係る電子計算機に備えられたファイルへの記録をした時
三　前条第1項本文の通知が発せられた日からを1週間を経過した時
（改正法109条の3第1項）

4　電子判決書等

改正法により，裁判所は，判決や調書を電子データで作成し，そのまま電子データで管理することになる。

(1)　口頭弁論に係る電子調書の作成等

ア　電子調書の作成

裁判所書記官は，口頭弁論について，期日ごとに，最高裁判所規則で定めるところにより，電子調書を作成しなければならない。　　　（改正法160条1項）

イ　ファイルへの記録

裁判所書記官は，前項の規定により電子調書を作成したときは，最高裁判所規則で定めるところにより，これをファイルに記録しなければならない。
（同条2項）

ウ　電子調書の内容についての異議

前項の規定によりファイルに記録された電子調書の内容に当事者その他の関係人が異議を述べたときは，最高裁判所規則で定めるところにより，その異議があった旨を明らかにする措置を講じなければならない。　　　（同条3項）

エ　電子調書の証明力

口頭弁論の方式に関する規定の遵守は，第2項の規定によりファイルに記録された電子調書によってのみ証明することができる。ただし，当該電子調書が滅失したときは，この限りでない。　　　（同条4項）

(2)　電子判決書

ア　電子判決書の必要的記録事項

> 裁判所は，判決の言渡しをするときは，最高裁判所規則で定めるところにより，次に掲げる事項を記録した電磁的記録（以下「電子判決書」という。）を作成しなければならない。
> 一　主文
> 二　事実
> 三　理由
> 四　口頭弁論の終結の日
> 五　当事者及び法定代理人
> 六　裁判所　　　　　　　　　　　　　　　　　　（改正法252条1項）

　　　イ　事実

> 前項の規定による事実の記録においては，請求を明らかにし，かつ，主文が正当であることを示すのに必要な主張を摘示しなければならない。（同条2項）

(3)　言渡しの方式
　　　ア　言渡しの方式

> 判決の言渡しは，前条第1項の規定により作成された電子判決書に基づいてする。　　　　　　　　　　　　　　　　　　　　　　（改正法253条1項）

　　　イ　ファイルへの記録

> 裁判所は，前項の規定により判決の言渡しをした場合には，最高裁判所規則で定めるところにより，言渡しに係る電子判決書をファイルに記録しなければならない。　　　　　　　　　　　　　　　　　　　　　　　　　（同条2項）

第3　ウェブ参加等
1　映像と音声の送受信による通話の方法による口頭弁論等

改正法により，ウェブ参加が可能な期日が拡充され，要件が緩和される。

改正法87条の2は，公布の日から起算して2年を超えない範囲内において政令で定める日から施行される。（改正法附則1条4号，170頁）

(1)　ウェブ会議による口頭弁論期日の実施

当事者の一方又は双方がウェブ会議（映像と併せた音声の通話による方法）を利用して口頭弁論期日に参加することができる。

> 裁判所は，相当と認めるときは，当事者の意見を聴いて，最高裁判所規則で定めるところにより，裁判所及び当事者双方が映像と音声の送受信により相手の状態を相互に認識しながら通話をすることができる方法によって，口頭弁論の期日における手続を行うことができる。　　　　（改正法87条の2第1項）

(2)　審尋期日における参加

> 裁判所は，相当と認めるときは，当事者の意見を聴いて，最高裁判所規則で定めるところにより，裁判所及び当事者双方が音声の送受信により同時に通話をすることができる方法によって，審尋の期日における手続を行うことができる。　　　　　　　　　　　　　　　　　　　　　　　　　　（同第2項）

(3)　当事者の出頭の擬制

> 前2項の期日に出頭しないでその手続に関与した当事者は，その期日に出頭したものとみなす。　　　　　　　　　　　　　　　　　　　　（同第3項）

2　弁論準備手続期日における参加

(1)　文書の証拠調べ

> 裁判所は，弁論準備手続の期日において，証拠の申出に関する裁判その他の口頭弁論の期日外においてすることができる裁判，文書（第231条に規定する物件を含む。）の証拠調べ，第231条の2第1項に規定する電磁的記録に記録された情報の内容に係る証拠調べ並びに第186条第2項，第205条第3項（第278条第2項において準用する場合を含む。），第215条第4項（第278条第2項において準用する場合を含む。）及び第218条第3項の提示をすることができる。
> 　　　　　　　　　　　　　　　　　　　　　　　　　　（改正法170条2項）

(2)　電話会議システムによる弁論準備手続期日

改正法により，当事者双方が弁論準備手続期日に出頭していない場合でも，電話会議システム等を利用して，弁論準備手続期日に参加することができる。

改正法170条3項の施行日は，令和5年3月1日である。（前記170頁）

> 　裁判所は，相当と認めるときは，当事者の意見を聴いて，最高裁判所規則で定めるところにより，裁判所及び当事者双方が音声の送受信により同時に通話をすることができる方法によって，弁論準備手続の期日における手続を行うことができる。　　　　　　　　　　　　　　　　　　　　　　　　　（同条3項）

3　和解期日における参加
(1)　和解期日における参加
　改正法により，当事者双方が和解期日に出頭していない場合でも，電話会議システム等を利用して，和解期日に参加することができる。

　改正法89条2項及び3項の施行日は，令和5年3月1日である。（前記170頁）

> 　裁判所は，相当と認めるときは，当事者の意見を聴いて，最高裁判所規則で定めるところにより，裁判所及び当事者双方が音声の送受信により同時に通話をすることができる方法によって，和解の期日における手続を行うことができる。　　　　　　　　　　　　　　　　　　　　　　　　（改正法89条2項）

(2)　当事者の出頭の擬制

> 　前項の期日に出頭しないで同項の手続に関与した当事者は，その期日に出頭したものとみなす。　　　　　　　　　　　　　　　　　　　　　（同条3項）

第4　記録の閲覧等
1　訴訟記録の原則電子化
　改正法により，訴訟記録は，原則として，電子データで保管されることになる。
(1)　書面等による申立て等
ア　ファイルへの記録
　書面で提出されたものは裁判所が電子データ化する。電子化が困難な場合や，当事者の閲覧等に制限がある場合は，電子データではなく紙媒体で保管することも許される。

　　申立て等が書面等により行われたとき（前条第1項の規定に違反して行われたときを除く。）は，裁判所書記官は，当該書面等に記載された事項（次の各号に掲げる場合における当該各号に定める事項を除く。）をファイルに記録しなければならない。ただし，当該事項をファイルに記録することにつき困難な事情があるときは，この限りでない。

一　当該申立て等に係る書面等について，当該申立て等とともに第92条第1項の申立て（同項第2号に掲げる事由があることを理由とするものに限る。）がされた場合において，当該書面等に記載された営業秘密がその訴訟の追行の目的以外の目的で使用され，又は当該営業秘密が開示されることにより，当該営業秘密に基づく当事者の事業活動に支障を生ずるおそれがあり，これを防止するため裁判所が特に必要があると認めるとき（当該同項の申立てが却下されたとき又は当該同項の申立てに係る決定を取り消す裁判が確定したときを除く。）　当該書面等に記載された営業秘密

二　書面等により第133条第2項の規定による届出があった場合　当該書面等に記載された事項

三　当該申立て等に係る書面等について，当該申立て等とともに第133条の2第2項の申立てがされた場合において，裁判所が必要があると認めるとき（当該同項の申立てが却下されたとき又は当該同項の申立てに係る決定を取り消す裁判が確定したときを除く。）　当該書面等に記載された同項に規定する秘匿事項記載部分　　　　　　　　　　　　　　　（改正法132条の12第1項）

　　　イ　送達

　　前項の規定によりその記載された事項がファイルに記録された書面等による申立て等に係る送達は，当該申立て等に係る法令の規定にかかわらず，同項の規定によりファイルに記録された事項に係る電磁的記録の送達をもって代えることができる。　　　　　　　　　　　　　　　　　　　　　　（同第2項）

　(2)　書面等に記録された事項のファイルへの記録等

　裁判所書記官は，前条第1項に規定する申立て等に係る書面等のほか，民事訴訟に関する手続においてこの法律その他の法令の規定に基づき裁判所に提出された書面等又は電磁的記録を記録した記録媒体に記載され，又は記録されている事項（次の各号に掲げる場合における当該各号に定める事項を除く。）をファイルに記録しなければならない。ただし，当該事項をファイルに記録することにつき困難な事情があるときは，この限りでない。

一　当該書面等又は当該記録媒体について，これらの提出とともに第92条第1項の申立て（同項第2号に掲げる事由があることを理由とするものに限る。）がされた場合において，当該書面等若しくは当該記録媒体に記載され，若しくは記録された営業秘密がその訴訟の追行の目的以外の目的で使用され，又は当該営業秘密が開示されることにより，当該営業秘密に基づく当事者の事業活動に支障を生ずるおそれがあり，これを防止するため裁判所が特に必要があると認めるとき（当該申立てが却下されたとき又は当該申立てに係る決定を取り消す裁判が確定したときを除く。）　当該書面等又は当該記録媒体に記載され，又は記録された営業秘密

二　当該記録媒体を提出する方法により次条第2項の規定による届出があった場合　当該記録媒体に記録された事項

三　当該書面等又は当該記録媒体について，これらの提出とともに第133条の2第2項の申立てがされた場合において，裁判所が必要があると認めるとき（当該申立てが却下されたとき又は当該申立てに係る決定を取り消す裁判が確定したときを除く。）　当該書面等又は当該記録媒体に記載され，又は記録された同項に規定する秘匿事項記載部分

四　第133条の3第1項の規定による決定があった場合において，裁判所が必要があると認めるとき（当該決定を取り消す裁判が確定したときを除く。）　当該決定に係る書面等及び電磁的記録を記録した記録媒体に記載され，又は記録された事項　　　　　　　　　（改正法132条の13）

2　インターネットによる閲覧

　改正法により，当事者はインターネットで裁判所のサーバにアクセスして訴訟記録の閲覧等が可能になる。

(1)　電磁的訴訟記録の閲覧

何人も，裁判所書記官に対し，最高裁判所規則で定めるところにより，電磁的訴訟記録に備えられたファイルに記録された事項の内容を最高裁判所規則で定める方法により表示したものの閲覧を請求することができる。

(改正法91条の2第1項)

(2)　電磁的訴訟記録の複写

当事者及び利害関係を疎明した第三者は，裁判所書記官に対し，電磁的訴訟記録に記録されている事項について，最高裁判所規則で定めるところにより，最高裁判所規則で定める電子情報処理組織を使用してその者の使用に係る電子計算機に備えられたファイルに記録する方法その他の最高裁判所規則で定める方法による複写を請求することができる。　　　　　　　(同第2項)

(3)　電磁的訴訟記録に記録されている事項の証明
　　ア　電磁的訴訟記録に記録されている事項の証明

当事者及び利害関係を疎明した第三者は，裁判所書記官に対し，最高裁判所規則で定めるところにより，電磁的訴訟記録に記録されている事項の全部若しくは一部を記載した書面であって裁判所書記官が最高裁判所規則で定める方法により当該書面の内容が電磁的訴訟記録に記録されている事項と同一であることを証明したものを交付し，又は当該事項の全部若しくは一部を記録した電磁的記録であって裁判所書記官が最高裁判所規則で定める方法により当該電磁的記録の内容が電磁的訴訟記録に記録されている事項と同一であることを証明したものを最高裁判所規則で定める電子情報処理組織を使用してその者の使用に係る電子計算機に備えられたファイルに記録する方法その他の最高裁判所規則で定める方法により提供することを請求することができる。　　(同第3項)

　　イ　訴訟記録の閲覧に関する規定の準用

前条第2項及び第5項の規定は，第1項及び第2項の規定による電磁的訴訟記録に係る閲覧及び複写の請求について準用する。　　　　　(同第4項)

3　訴訟に関する事項の証明

当事者及び利害関係を疎明した第三者は，裁判所書記官に対し，最高裁判所規則で定めるところにより，訴訟に関する事項を記載した書面であって裁判所書記官が最高裁判所規則で定める方法により当該事項を証明したものを交付し，又は当該事項を記録した電磁的記録であって裁判所書記官が最高裁判所規則で定める方法により当該事項を証明したものを最高裁判所規則で定める電子情報処理組織を使用してその者の使用に係る電子計算機に備えられたファイルに記録する方法その他の最高裁判所規則で定める方法により提供することを請求することができる。　　　　　　　　　　　　　　　（改正法91条の３）

第5　住所及び氏名等の秘匿制度

改正法により，社会生活を営むのに著しい支障を生ずるおそれがあるとき（例えば当事者がDVや犯罪の被害者である場合等）は，当事者の住所，氏名等を秘匿することができる。

秘匿制度についての改正法133条から133条の４まで（IT化に伴うさらなる改正部分を除く。）の施行日は，令和５年２月20日である。（前記170頁）

すなわち，秘匿制度の法改正は，二段階の改正となっているのである。秘匿制度についての改正法の条文は，二段階の改正後の条文を挙げている。

1　申立人の住所及び氏名等の秘匿

(1)　秘匿決定の申立て

申立て等をする者又はその法定代理人の住所，居所その他その通常所在する場所の全部又は一部が当事者に知られることによって当該申立て等をする者又は当該法定代理人が社会生活を営むのに著しい支障を生ずるおそれがあることにつき疎明があった場合には，裁判所は，申立てにより，決定で，住所等の全部又は一部を秘匿する旨の裁判をすることができる。申立て等をする者又はその法定代理人の氏名その他当該者を特定するに足りる事項についても，同様とする。　　　　　　　　　　　　　　　（改正法133条１項）

(2)　秘匿対象者の届出

前項の申立てをするときは，同項の申立て等をする者又はその法定代理人の住所等又は氏名等その他最高裁判所規則で定める事項を書面その他最高裁判所規則で定める方法により届け出なければならない。　　　　　　　（同条２項）

(3)　秘匿事項届出部分の閲覧の制限

> 　第1項の申立てがあったときは，その申立てについての裁判が確定するまで，当該申立てに係る秘匿対象者以外の者は，訴訟記録等中前項の規定による届出に係る部分について訴訟記録等の閲覧等の請求をすることができない。
>
> (同条3項)

2　秘匿決定があった場合における閲覧等の制限の特則

(1)　秘匿決定の効果

> 　秘匿決定があった場合には，秘匿事項届出部分に係る訴訟記録等の閲覧等の請求をすることができる者を当該秘匿決定に係る秘匿対象者に限る。
>
> (改正法133条の2第1項)

(2)　秘匿事項・推知事項記載部分の閲覧等制限決定

> 　前項の場合において，裁判所は，申立てにより，決定で，訴訟記録等中秘匿事項届出部分以外のものであって秘匿事項又は秘匿事項を推知することができる事項が記載され，又は記録された部分に係る訴訟記録等の閲覧等の請求をすることができる者を当該秘匿決定に係る秘匿対象者に限ることができる。
>
> (同第2項)
>
> 　前項の申立てがあったときは，その申立てについての裁判が確定するまで，当該秘匿決定に係る秘匿対象者以外の者は，当該秘匿事項記載部分に係る訴訟記録等の閲覧等の請求をすることができない。　　　　(同第3項)

3　送達場所の調査嘱託があった場合の職権による閲覧等の制限

> 　裁判所は，当事者又はその法定代理人に対して送達をするため，その者の住所，居所その他送達をすべき場所についての調査を嘱託した場合において，当該嘱託に係る調査結果の報告が記載され，又は記録された書面又は電磁的記録が閲覧されることにより，当事者又はその法定代理人が社会生活を営むのに著しい支障を生ずるおそれがあることが明らかであると認めるときは，決定で，当該書面又は電磁的記録及びこれに基づいてされた送達に関する第100条の書面又は電磁的記録その他これに類する書面又は電磁的記録に係る訴訟記録等の閲覧等の請求をすることができる者を当該当事者又は当該法定代理人に限ることができる。当事者又はその法定代理人を特定するため，その者の氏名その他当該者を特定するに足りる事項についての調査を嘱託した場合についても，同

様とする。	（改正法133条の３第１項）

4　秘匿決定の取消し等

(1)　秘匿決定の取消しの申立て

秘匿決定，第133条の２第２項の決定又は前条第１項の決定に係る者以外の者は，訴訟記録等の存する裁判所に対し，その要件を欠くこと又はこれを欠くに至ったことを理由として，その決定の取消しの申立てをすることができる。 （改正法133条の４第１項）

(2)　秘匿対象者以外の当事者の閲覧請求

秘匿決定等に係る者以外の当事者は，秘匿決定等がある場合であっても，自己の攻撃又は防御に実質的な不利益を生ずるおそれがあるときは，訴訟記録等の存する裁判所の許可を得て，第133条の２第１項若しくは第２項又は前条第１項の規定により訴訟記録等の閲覧等の請求が制限される部分につきその請求をすることができる。 （同第２項）

(3)　閲覧請求の許可

裁判所は，前項の規定による許可の申立てがあった場合において，その原因となる事実につき疎明があったときは，これを許可しなければならない。 （同条３項）

第10章　判決起案

> 　判決書には，次に掲げる事項を記載しなければならない。
> 一　主文
> 二　事実
> 三　理由
> 四　口頭弁論の終結の日
> 五　当事者及び法定代理人
> 六　裁判所　　　　　　　　　　　　　　　　　　（法253条1項）

第1　当事者，代理人等の表示（手引5頁）

1　当事者

(1)　訴訟当事者

　ア　基本型

　　「原告A」「被告B」「参加人C」

　イ　反訴がある場合

　　「本訴原告（反訴被告）A」「本訴被告（反訴原告）B」

　ウ　併合事件が有る場合

　　「甲事件原告（乙事件被告）A」「甲事件被告（乙事件原告）B」

(2)　補助参加人

　「補助参加人A」

(3)　死亡による訴訟承継

　「亡A訴訟承継人B」

(4)　破産管財人

　「破産者A破産管財人B」

　破産管財人は，当事者であって代理人や代表者ではない。

(5)　更生会社管財人

　「更生会社A株式会社管財人B」

(6)　民事再生債務者

　「再生債務者A株式会社管財人B」

　「再生債務者C株式会社監督委員D」

(7)　債権者代表訴訟

　　　「債務者Ａ代位権者Ｂ」
　(8)　国，地方公共団体
　　　「代表者法務大臣Ａ」
　　　　法務大臣については，口頭弁論終結後に法務大臣が交代した場合，判決には，新しい法務大臣を表示している。
　　　「代表者知事Ｂ」
2　法定代理人及び法人の代表者
　(1)　法定代理人
　　　「同法定代理人後見人Ａ」
　(2)　法人の代表者
　　　「同代表者理事Ａ」
　　　「同代表者代表取締役Ｂ」（株式会社の場合）
　　　「同代表者無限責任社員Ｃ」（合資会社の場合）
　　　「同代表者清算人Ｄ」（清算会社の場合）
3　訴訟代理人
　　　「同訴訟代理人弁護士Ａ」
　　　「上記３名訴訟代理人弁護士Ｂ」
　　　「同訴訟復代理人弁護士Ｃ」
　　　　訴訟代理人は，法律上は必要的記載事項とされていないが，訴訟の追行者を明らかにすることと送達の便宜のため，これを表示している。
【判例⑫⑨】判決書における訴訟代理人の表示は，民訴法253条の記載事項でない。（最１小判昭33・1・23民集12巻1号72頁，判時140号14頁，判タ79号91頁）

第2　主文
1　主文
　(1)　主文の意義
　　　　主文は，訴えに対する応答として，訴訟物についての裁判所の判断の結論を示すものである。
　(2)　主文における略称の表示
　　　　判決主文は，裁判所の判断の結論を記載するものであるから，主文において略称表示をすることは，避けるべきである。
2　訴え却下の主文（手引10頁）
　　　訴訟要件の欠缺により原告敗訴の判決をする場合である。
　　　「本件訴えを却下する。」

3　請求棄却の主文（手引10頁）

原告の請求が理由のない場合である。

(1)　基本型

「原告の請求を棄却する。」

主たる請求と附帯請求をいずれも棄却する場合，同様の主文にしている。

(2)　請求の併合の場合（単純併合，予備的併合，選択的併合）

「原告の請求をいずれも棄却する。」

(3)　原告が1人で被告が2人の場合

「原告の請求をいずれも棄却する。」

(4)　一部認容・一部棄却の場合

一部認容の主文に続けて

「原告のその余の請求を棄却する。」

債務不存在確認請求事件で債務の一部が存在する場合

「～の債務は○○円を超えて存在しないことを確認する。原告のその余の請求を棄却する。」

4　請求認容の主文

(1)　給付判決の主文（手引11頁）

給付判決の主文においては，給付の法的な性格又は理由づけを含まない抽象的な表現を用いる。

ア　金員の支払を命ずる主文

(ア)　基本型

「被告は，原告に対し，○○円及びこれに対する令和○年○月○日から支払済みまで年3パーセントの割合による金員を支払え。」

「被告は，原告に対し，○○円及びうち○○円に対する令和○年○月○日から支払済みまで年3パーセントの割合による金員を支払え。」

主文において認容すべき金額に計算上円未満の端数が出た場合，実務では，円未満は切り捨てて記載する例が多い。（手引12頁）

(イ)　弁済期未到来の金員支払請求を認容する場合（法135条）

「被告は，原告に対し，令和○年○月○日が到来したときは○○円を支払え。」

(ウ)　連帯債務，不真正連帯債務の場合

「被告らは，原告に対し，連帯して○○円を支払え。」

(エ)　不真正連帯債務で債務の範囲が異なる場合

被告ごとに個別の主文とする例が多いが，単一の主文とする場合は次

のように記載する。

「被告 Y_1 は，原告に対し，100万円を，うち50万円は被告 Y_2 と連帯して支払え。」

「被告 Y_2 は，原告に対し，50万円を被告 Y_1 と連帯して支払え。」

(オ)　手形法上の合同債務の場合（手形法47条）

「被告らは，原告に対し，合同して〇〇円を支払え。」

イ　引換給付の主文（手引13頁）

「被告は，原告から〇〇円の支払を受けるのと引換えに，原告に対し，別紙物件目録記載の建物を引き渡せ。」

「原告のその余の請求を棄却する。」

ウ　登記に関する主文（手引14頁以下）

(ア)　移転登記

「被告は，原告に対し，別紙物件目録記載の土地について令和〇年〇月〇日の売買を原因とする所有権移転登記手続をせよ。」

「被告は，原告に対し，別紙物件目録記載の土地につき，〇〇農業委員会に対し農地法３条〇項による所有権移転登記の許可申請手続をし，上記許可があったときは，許可の日付けの売買を原因とする所有権移転登記手続をせよ。」

(イ)　抹消登記

抹消されるべき登記は，物件と登記の名称・受付年月日・受付番号によって特定し得るから，その点のみ主文で明らかにすれば足りる。

a　不実登記の抹消

「被告は，別紙物件目録記載の土地について〇〇地方法務局令和〇年〇月〇日受付第〇号の所有権移転登記の抹消登記手続をせよ。」

「原告に対し」の記載は不要である。

実務では，移転登記手続を命ずる主文は登記原因を明らかにして記載し，抹消登記手続を命ずる主文では登記原因を示さないのが通例である。ただし，弁済条件付きの場合には次のようにする。

「被告は，原告から〇〇円の支払を受けたときは，原告に対し，別紙物件目録記載の土地について，〇〇地方法務局令和〇年〇月〇日受付第〇号抵当権設定登記の弁済を登記原因とする抹消登記手続をせよ。」

b　弁済による当権設定登記の抹消

「被告は，原告に対し，別紙物件目録記載の土地につき，〇〇地方法務局令和〇年〇月〇日受付第〇号の抵当権設定登記の令和〇年〇月〇

　　　　日の弁済を原因とする抹消登記手続をせよ。」
　　　　　c　共有名義の持分の抹消登記
　　　　　「被告は，原告に対し，別紙物件目録記載の土地につき，○○地方法
　　　　　務局令和○年○月○日受付第○号をもってされたＡ持分全部移転登記
　　　　　の抹消登記手続をせよ。」
　　　　㈡　抹消登記手続に代わる移転登記手続
　　　　　「被告は，原告に対し，別紙物件目録記載の土地について令和○年○月
　　　　　○日の真正な登記名義の回復を原因とする所有権移転登記手続をせよ。」
　　　　㈢　登記引取請求
　　　　　「被告は，原告に対し，別紙物件目録記載の土地につき，令和○年○月
　　　　　○日の売買を原因とする原告から被告への所有権移転登記手続をせよ。」
　　エ　建物収去土地明渡，建物退去土地明渡
　　　「被告 Y_1 は，原告に対し，別紙物件目録記載の建物を収去して同目録記
　　　載の土地を明け渡せ。」
　　　「被告 Y_2 は，原告に対し，別紙物件目録記載の建物から退去して同目録
　　　記載の土地を明け渡せ。」
　　オ　仮執行宣言付支払督促に対する異議申立ての訴訟
　　　㈠　基本型
　　　　「○○簡易裁判所令和○年㈣第○○○号事件の仮執行宣言付支払督促を
　　　　認可する。」
　　　　　仮執行宣言付支払督促に対する異議申立てにより移行した訴訟の判決
　　　　においては，仮執行宣言付支払督促の認可等を宣言する主文となる。
【判例⑬】仮執行宣言付支払命令に対する異議申立てにより移行した訴訟において
　　　　は，督促手続におけると同一の請求についてその当否を審判すべきもので
　　　　ある。仮執行宣言付支払命令に対する異議申立てにより移行した通常訴訟
　　　　においてなさるべき判決においては，仮執行宣言付支払命令の取消，変更
　　　　または認可を宣言するのが相当である。（最2小判昭36・6・16民集15巻
　　　　6号1584頁）
　　　㈡　請求の減縮があった場合
　　　　「○○簡易裁判所令和○年㈣第○○○号事件の仮執行宣言付支払督促
　　　　は，○○円及びこれに対する令和○年○月○日から支払済みまで年3
　　　　パーセントの割合による金員を支払えとの限度において認可する。」
　　カ　限定承認が認められた場合の主文
　　　「被告は，原告に対し，○○円及びこれに対する令和○年○月○日から支

払済みまで年３パーセントの割合による金員を，被告が亡Ａから相続した
財産の存する限度において，支払え。」

【判例⑬】相続人に対する給付の訴えにおいて，債務の存在とともに相続人の限定
　　　承認の事実も認められたときは，裁判所は，判決主文において，相続人に
　　　対し相続財産の限度で右債務の支払を命ずべきである。被相続人に対する
　　　債権につき，債権者と相続人との間の前訴において，相続人の限定承認が
　　　認められ，相続財産の限度での支払を命ずる判決が確定しているときは，
　　　債権者は相続人に対し，後訴によって，右判決の基礎となる事実審の口頭
　　　弁論終結以前に存在した限定承認と相容れない事実を主張して右債権につ
　　　き無留保の判決を求めることはできない。（最２小判昭49・４・26民集28
　　　巻３号503頁，判時745号52頁，判タ310号148頁）

　　　　限定承認が認められない場合は，判決主文には現れず，判決理由の中で
　　　限定承認は認められないと述べられることになる。

　キ　強制執行をすることができない場合の主文
　　　「１　被告は，原告に対し，○○円を支払え。」
　　　「２　前項については強制執行をすることができない。」

（2）確認判決の主文（手引16頁）
　ア　物権の場合
　　　　確認の対象となる権利が物権である場合には，権利の主体と対象及び権
　　　利の種類により権利を特定する。
　（ア）当事者がいずれも単数の場合（所有権）
　　　　「原告が，別紙物件目録記載の建物につき，所有権を有することを確認
　　　する。」
　　　　「被告が，別紙物件目録記載の土地につき，所有権を有しないことを確
　　　認する。」
　（イ）当事者の一方又は双方が複数の場合（地上権）
　　　　「原告 X_2 と被告 Y_1 との間において，同原告が，別紙物件目録記載の
　　　土地につき，地上権を有することを確認する。」
　（ウ）通行地役権
　　　　「原告が，別紙物件目録記載１の土地を要役地とし，同目録記載２の土
　　　地を承役地とする通行地役権を有することを確認する。」
　（エ）囲繞地通行権
　　　　「原告が，別紙物件目録記載の土地部分について囲繞地通行権を有する
　　　ことを確認する。」

イ　債権の場合

　　確認の対象となる権利が債権である場合には，その発生原因等により権利を特定する。

　　㋐　債務不存在確認

　　　「原被告間の令和○年○月○日の消費貸借契約に基づく原告の被告に対する元金○○円の返還債務が存在しないことを確認する。

　　㋑　賃借権確認

　　　「原告が，別紙物件目録記載の建物につき，原被告間の令和○年○月○日付け賃貸借契約に基づく賃料1か月8万円の期限の定めのない賃借権を有することを確認する。」

　　　　なお，原告が賃料額の確認まで求めていない場合について，最3小判平24・1・31裁判集民239号659頁（前記159頁）に注意。

ウ　賃料額の場合

　　「原告が被告に賃貸している別紙物件目録記載の建物の賃料は令和○年○月以降月額○○円であることを確認する。」

(3)　形成判決の主文（手引17頁）

　　形成判決は，その判決によって法律関係を直接発生，変更又は消滅させることを目的とするものであるから，主文によって形成されるべき権利関係を明確に表示する。

ア　詐害行為取消請求

　　「被告が令和○年○月○日Ａとの間でした別紙物件目録記載の土地についての贈与契約を取り消す。」

イ　請求異議

　　㋐　債務名義全体の場合

　　　「被告から原告に対する○○地方裁判所令和○年㋺第○号○○請求事件の判決に基づく強制執行は，これを許さない。」

　　㋑　具体的執行の場合

　　　「被告が原告に対する○○地方裁判所令和○年㋺第○号○○請求事件の執行文の付された判決の正本に基づき令和○年○月○日別紙物件目録記載の土地についてした強制執行は，これを許さない。」

ウ　境界確定（形式的形成訴訟）

　　「別紙物件目録記載1の土地と同目録記載2の土地との境界は，別紙図面ａ，ｂ，ｃ，ｄの各点を順次結ぶ直線であることを確定する。」

(4)　訴訟費用に関する主文（手引23頁）

ア　一般の場合

　(ア)　全部勝訴の場合

　　「訴訟費用は被告（原告）の負担とする。」

　(イ)　一部敗訴の場合

　　「訴訟費用は，これを5分し，その2を原告の負担とし，その余は被告の負担とする。」

　　「訴訟費用は，これを2分し，それぞれを各自の負担とする。」

　　「訴訟費用は，各自の負担とする。」

　　「訴訟費用中，〇〇円は原告の負担とし，その余は被告の負担とする。」

　　　一部敗訴の場合の費用負担の割合は，通常は請求額と認容額との比率に対応して定められることが多いが，その比率によるのが相当でない場合もある。また，一方の敗訴部分がごくわずかである場合などは，全部の費用を相手方の負担と定めることが多い。

イ　特殊な場合

　(ア)　共同訴訟の場合

　　a　全部敗訴の場合

　　　「訴訟費用は，被告ら（原告ら）の負担とする。」

　　b　共同訴訟人の連帯負担とする場合

　　　「訴訟費用は，被告らの連帯負担とする。」

　　c　共同訴訟で相手方との勝敗が分かれた場合

　　　「訴訟費用は，原告に生じた費用の2分の1と被告Y_1に生じた費用を被告Y_1の負担とし，原告に生じたその余の費用と被告Y_2に生じた費用を原告の負担とする。」

　(イ)　反訴が提起されている場合

　　「訴訟費用は，本訴反訴を通じ，本訴被告（反訴原告）の負担とする。」

　　「訴訟費用は，本訴反訴ともに，これを5分し，その3を本訴被告（反訴原告）の負担とし，その余を本訴原告（反訴被告）の負担とする。」

ウ　仮執行宣言付支払督促に対する異議申立ての訴訟

　　「督促異議申立て後の訴訟費用は被告の負担とする。」

(5)　仮執行の宣言（手引27頁）

　「この判決は，仮に執行することができる。」

　「この判決は，〇項に限り，仮に執行することができる。」

　「この判決は，原告勝訴の部分に限り，仮に執行することができる。」

　「この判決の1項は，本判決が被告に送達された日から14日を経過したとき

は，仮に執行することができる。」

(6) 仮執行免脱の宣言（手引31頁）

「ただし，被告が○○万円の担保を供するときは，その仮執行を免れることができる。」

第3 事実

事実の記載においては，請求を明らかにし，かつ，主文が正当であることを示すのに必要な主張を摘示しなければならない。 （法253条2項）

1 事実の記載

裁判官は，口頭弁論にあらわれた当事者双方の主張を，口頭弁論終結時を基準として整理し，判決書の事実の記載において，明瞭かつ論理的に記載しなければならない。

当事者の法律上の主張は，当該事件の中心的争点となっている場合を除き，記載する必要がない。

(1) 請求

法253条2項にいう請求とは，訴訟の審判の対象である訴訟物のことである。

(2) 主文が正当であることを示すのに必要な主張

当事者のすべての主張を摘示する必要はなく，主文が正当であることを示すのに必要な主張を摘示すれば足りる。

(3) 証拠

証拠は，判決書の必要的記載事項ではない。（法253条1項，186頁）

2 証拠の評価

裁判所は，判決をするに当たり，口頭弁論の全趣旨及び証拠調べの結果をしん酌して，自由な心証により，事実についての主張を真実と認めるべきか否かを判断する。 （法247条）

(1) 自由心証主義

ア 自由心証主義の意義

自由心証主義とは，裁判官が，裁判の基礎となる事実の認定に当たって，審理にあらわれた一切の資料を基にして，自由な判断によって心証形成を行うことを認める原則をいう。

裁判は，法規を大前提とし，認定事実を小前提として，法規を事実に適

用して出す結論である（法的三段論法）。自由心証主義は，このうち，事実認定に関する原則である。

　　法247条は，民事訴訟について，自由心証主義をとることを明らかにしている。

　　なお，刑事訴訟については，刑訴法318条が自由心証主義を規定している。

　イ　法定証拠主義

　　自由心証主義に対立する概念は，法定証拠主義である。

　　法定証拠主義とは，事実認定に必要な証拠方法や証明力を法律で定め，裁判官の判断に拘束を加えるものである。

　　(ア)　消極的法定証拠主義

　　　一定の証拠がない限り事実を認定してはならないとする。

　　(イ)　積極的法定証拠主義

　　　一定の証拠があれば必ず事実を認定しなければならないとする。

　ウ　事実認定の資料

　　裁判官が事実認定の資料として用いることのできる資料は，口頭弁論の全趣旨及び証拠調べの結果である。

(2)　証拠調べの結果

　ア　証拠調べの結果の意義

　　証拠調べの結果とは，適法に実施された証拠調べによって得られた証拠資料を指す。

　イ　証拠調べの結果の具体例

　　成立に争いがないか成立が認められる書証，証人の証言，当事者本人尋問の結果，鑑定や検証の結果，口頭弁論に顕出された調査嘱託の結果等である。

　ウ　証拠調べの結果の証拠価値

　　抽象的経験則としては，人証よりも書証の方が証拠価値が高く，当事者尋問の結果よりも証人の証言のほうが証拠価値が高いということができるが，具体的事件についての証拠価値の判断は，裁判官の自由心証に委ねられる。

(3)　弁論の全趣旨

　ア　弁論の全趣旨の意義

　　弁論の全趣旨とは，証拠調べの結果である証拠資料以外の，その訴訟の審理にあらわれた一切の訴訟資料をいう。

【判例⑬】弁論の全趣旨とは，当事者の主張そのものの内容，ならびにその主張の態度はもちろん，その他その場合における訴訟の情勢よりすれば，まさにある主張をなしもしくはある証拠を申し出づるべきはずなるにかかわらず，全くこれをなさずもしくは時機に後れてこれをなしたること，初めには明らかに争わざりしを後に至りて争いたること，裁判所もしくは相手方の問いに対し釈明を避くること等，およそ口頭弁論における一切の積極消極の事柄を指す。（大判昭3・10・20民集7巻815頁）

　イ　弁論の全趣旨による事実認定

　　弁論の全趣旨は，証拠調べの結果と同等の証拠原因であり，証拠調べの結果に対して補充的・補完的なものではないとするのが多数説である。ただし，安易に弁論の全趣旨のみによって事実を認定することは，避けなければならない。

　　要証事実について，証拠調べの結果によることなく，弁論の全趣旨のみで事実を認定することが許される例として，次のようなものがある。

　　㋐　文書の成立の真正

　　　実務上，弁論の全趣旨のみで事実を認定する例としては，（補助事実である）文書の成立の真正の場合や，相手方が事実については一応は争っているが真剣に争っていないとみられる場合が多い。

【判例⑬】相手方が不知と答えた第三者作成の文書については，特段の立証はなくても，裁判所が弁論の全趣旨により，成立の真正を認めることができる。（最3小判昭27・10・21民集6巻9号841頁，判タ25号46頁）

　　㋑　相当賃料額

　　　土地の不法占拠を原因とする賃料相当の損害金請求事件において，審理の過程においてあらわれた訴訟資料を弁論の全趣旨として斟酌して相当賃料額を認定することができる。（最1小判昭43・6・6裁判集民91号237頁）

　ウ　弁論の全趣旨と判決理由

　　弁論の全趣旨により事実を認定する場合，判決書の理由中には単に「弁論の全趣旨により」と記載されることが多い。

【判例⑬】証拠調の結果と弁論の全趣旨を総合して事実を認定している場合，右弁論の全趣旨が何を指すかが具体的に判示されていなくても，記録を照合すればおのずから明らかであるときは，理由不備の違法はない。（最2小判昭36・4・7民集15巻4号694頁）

　　弁論の全趣旨とは，証拠調の結果以外の口頭弁論にあらわれた一切の資

料を指すから，当事者代理人等の主張，態度，顔色までも含み，これを判決中に要約して具体的に判示することは，事実上困難な場合が多い。殊に本件の如く，挙示された数多の証拠と弁論の全趣旨が総合されている場合は，各証拠ごとにそれぞれ異った意味で弁論の全趣旨がしんしゃくされていることがあり得るのであって，これを各証拠ごとに具体的に判示しわけることを要求することは，実際問題として無理であろう。理論上からいっても，証人の証言或は検証の結果によって事実を認定した場合，「証人何某の証言により」或は「当審検証の結果により」と証拠原因を特定して示せば足り，証言或は検証の具体的な内容を判示しなくても，それだけでは理由不備といえないと同様に，「弁論の全趣旨」という証拠原因（「証拠調の結果」は各種証拠原因の総称であるが，「弁論の全趣旨」はそれ自体が一の証拠原因と解すべきである）が示されており，その具体的内容が記録を照合すればおのずから明らかである以上，理由不備の違法はないといってよいであろう。（判例解説昭和36年度109頁）

　なお，現行民訴法では，上告理由としての理由不備とは主文を導き出すための理由の全部又は一部が欠けていることをいう（後出【判例⑭】，205頁）から，旧法下で理由不備とされた事例も，現行法下においては理由不備とされないことがある。

3　事実認定

(1)　文書の成立

> 文書は，その成立が真正であることを証明しなければならない。
> 　　　　　　　　　　　　　　　　　　　　　　　　　　（法228条1項）
> 　文書は，その方式及び趣旨により公務員が職務上作成したものと認めるべきときは，真正に成立した公文書と推定する。　　　　　　（同条2項）
> 　公文書の成立の真否について疑いがあるときは，裁判所は，職権で，当該官庁又は公署に照会をすることができる。　　　　　　　　（同条3項）

　　ア　文書の成立
　　　　法228条は，**文書の成立**についての規定である。
　　　　文書が真正に成立したとは，その文書が作成者の意思に基づいて作成されたことをいう。
　　　　文書を事実認定の根拠として用いるためには，文書が真正に成立したことを認定することが必要である。
　　イ　私文書の成立の真正の推定

> 　　私文書は，本人又はその代理人の署名又は押印があるときは，真正に成立し
> たものと推定する。　　　　　　　　　　　　　　　　　　　（同条４項）

　　　　法228条４項は，私文書の成立についての証拠法則を規定している。

　　㋐　二段の推定

　　　　私文書に押されている印影が名義人の印章によって顕出されたもので
　　あるとき（印影と印章が一致するとき）は，その印影は名義人の意思に
　　基づいて顕出されたものと事実上推定される。そして，法228条４項に
　　より，文書が真正に成立した（名義人の意思に基づいて作成された）も
　　のと推定される。これが**二段の推定**（二段階の推定）といわれるもので
　　ある。

　　　　この二段の推定は実務上大きな機能を有し，文書の真否が争われた場
　　合，二段の推定によって文書の真否を決することが少なくない。

【判例⑬】私文書の作成名義人の印影が当該名義人の印章によって顕出されたもの
　　であるときは，反証のないかぎり，該印影は本人の意思に基づいて顕出さ
　　れたものと事実上推定するのを相当とするから，民訴法228条４項（旧326
　　条）により，該文書が真正に成立したものと推定すべきである。（最３小
　　判昭39・５・12民集18巻４号597頁，判時376号27頁，判タ163号74頁）

　　　　本判決は，印章が実印かどうかを確定していないから，民訴326条の「捺
　　印」が実印によると実印にあらざる印によるとを区別していないと解する
　　ことができるが，実印であると否とでは，前記事実上の推定を遮断する反
　　証の如何を吟味するについて実際上微妙な差異をもたらすことは留意され
　　てよいであろう。（判例解説昭和39年度113頁）

　　㋑　印章を共有，共用している場合

　　　　二段の推定は経験則による事実上の推定であるから，反証によって推
　　定が破られることがある。

　　　　名義人が他の者と印章を共有，共用しているような場合には，名義人
　　の押印は推定されない。

【判例⑬】私文書の作成名義人の印影が当該名義人が他の者と共有，共用している
　　印章によって顕出されたものであるときは，右印影が名義人の意思に基づ

いて顕出されたものと事実上推定することはできない。（最1小判昭50・
6・12裁判集民115号95頁，判時783号106頁，判タ325号188頁）

　　ウ　筆跡等の対照による証明

　　文書の成立の真否は，筆跡又は印影の対照によっても，証明することができ
る。　　　　　　　　　　　　　　　　　　　　　　　　　　（法229条1項）

　　対照をするのに適当な相手方の筆跡がないときは，裁判所は，対照の用に供
すべき文字の筆記を相手方に命ずることができる。　　　　　（同条3項）

　　相手方が正当な理由なく前項の規定による決定に従わないときは，裁判所
は，文書の成立の真否に関する挙証者の主張を真実と認めることができる。書
体を変えて筆記したときも，同様とする。　　　　　　　　　（同条4項）

　　法第229条（筆跡等の対照による証明）第1項に規定する筆跡又は印影の対
照の用に供した書類の原本，謄本又は抄本は，調書に添付しなければならない。

　　　　　　　　　　　　　　　　　　　　　　　　　　　（規則146条1項）

---

(2)　当事者の主張と事実の認定

　　ア　積極否認の事実

　　　　積極否認（第3章第6の4(3)エ，83頁）の内容をなす事実の認定につい
　　　ては，当事者の主張を要しない。

【判例⑬】いわゆる積極否認の内容をなす事実の認定は，裁判所の事実及び証拠の
　　　　判断の権限の行使に属するものであり，このような事実については，当事
　　　　者の主張を要しない。（最2小判昭40・10・29裁判集民80号893頁）

　　イ　主張事実と認定事実の同一性

　　　　当事者の主張した具体的事実と，裁判所の認定した事実との間に，事実
　　　の態様や日時の点で多少の食い違いがあっても，社会観念上同一性が認め
　　　られる限り，当事者の主張しない事実を認定したことにはならない。

　　　　両者の間に，社会観念上同一性が認められない場合は，狭義の弁論主義
　　　に違背することになる。（第3章第5の1(3)ア(イ)，70頁）

【判例⑬】賃借家屋の用法義務違反を理由とする契約解除の主張がされている場合
　　　　に，裁判所が借家法1条ノ2の正当事由に基づく解約申入れ等を認定した
　　　　のは，当事者の主張しない事実を認定した違法がある。（最3小判昭52・
　　　　5・27裁判集民120号607頁，【判例㉖】と同じ，金融商事548号42頁）

(3)　事実認定の方法

　　民事訴訟においては，当事者間に争いのない主要事実はそのまま判断の基
　礎となる（第3章第5の1(3)イ，弁論主義の第2テーゼ，70頁）ので，事実

認定が問題となるのは，主要事実に争いがある場合である。

　主要事実を認定するための方法は，直接証拠がある場合（直接認定型）と直接証拠がない場合（間接推認型）に分けられる。

ア　**直接認定型**（手引79頁）

　　直接証拠により主要事実を認定できる場合である。

　　直接証拠がある場合に，これに加えて主要事実を推認させる間接事実があれば，その間接事実は，直接証拠の証明力を補強する役割を果たす。

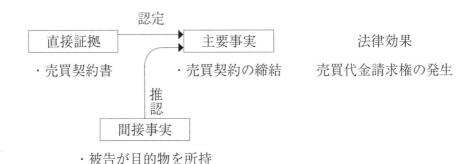

イ　**間接推認型**（手引81頁）

　　主要事実を認めるに足りる直接証拠がない場合に，間接証拠によって認定した間接事実から主要事実を推認する方法（90頁）である。

　　再間接事実から間接事実を推認して，主要事実を推認する場合もある。

ウ　間接事実による主要事実の推認と間接反証

　　(ア)　間接反証の意義

　　　　間接反証とは，ある主要事実について証明責任を負う者がこれを推認させるのに十分な間接（本証）事実を一応証明した場合に，相手方がその間接事実と両立する別の間接（反証）事実を立証することにより，先の間接事実による主要事実の推認を妨げる立証活動である。(89頁)

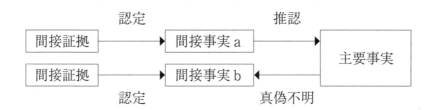

　　　　間接反証は，過失，正当事由などの規範的要件（一般条項，78頁）や因果関係の認定の場合に用いられることが多い。

　　(イ)　間接反証と判決理由

　　　　間接事実による主要事実の推認と間接反証の場合，判決理由中に「〜の事実（間接事実）が認められる本件においては，特段の事情がない限り，〜の事実（主要事実）を認めるのを相当とする。」と表現される。

　　　　この「特段の事情」が，主要事実の推認を妨げる間接事実である。

　　　　間接反証の成功の場合については，第4の4(3)(204頁)参照。

　　(ウ)　直接反証

　　　　直接反証とは，立証者の証明しようとしている事実（主要事実又は間接事実）に対して，直接的に反撃を加える立証活動である。

(4)　経験則

　　事実認定においては，経験則が用いられる。

　ア　経験則の意義

　　　経験則（経験法則）とは，社会生活における経験から帰納された事物に関する知識や法則をいう。

　イ　経験則の程度（経験則の確実性）

　　(ア)　必然性のある経験則

　　　「このような場合には，必ず，このようなことが生じる。」との経験則である。必然性のある経験則には，例外はない。

　　(イ)　蓋然性のある経験則

　　　「このような場合には，通常，このようなことが生じる。」との経験則

である。蓋然性のある経験則には，例外がある。

　　(ウ)　可能性のある経験則

　　　　「このような場合には，このようなことが生じることがある。」との経
　　　験則である。

第4　理由

　　判決書において事実認定の理由を説示することを証拠説明という。

　　判決書の理由では，争いがある事実について，どの証拠によってどのような
事実を認定したかを記載しなければならない。

1　文書による事実認定

(1)　文書の真正とその理由

　　文書の真正及びその理由は，判決書の必要的記載事項ではない。ただ，文
書の成立の真否によって勝負が決まるような事案では，成立の真否の判断及
び理由を記載するのが相当である。

【判例⑬⑨】事実認定の根拠として判決に引用する文書が真正に成立したこと及びそ
　　　の理由の記載は，判決書の必要的記載事項ではない。けだし，これを記載
　　　しなくても，裁判所が証拠又は弁論の全趣旨によって当該文書が真正に成
　　　立したことを認定した上で，これを事実の認定に用いたものであることは
　　　明らかだからである。なお，判決書はまず第1には当事者のために作成さ
　　　れるものであるから，文書の成否自体が重要な争点となっている場合に
　　　は，判決書の在り方としては，当該文書の成否に関する判断及びその理由
　　　を記載することが相当である。（最2小判平9・5・30裁判集民183号423
　　　頁，判時1605号42頁，判タ944号113頁）

(2)　二段の推定の判決書への記載

　　「甲1号証の被告名下の印影が被告の印章によるものであることは当事者間
に争いがないので，その印影は被告の意思に基づいて顕出されたものと推定
されるから，真正に成立したものと推定すべき甲1号証」

(3)　処分証書と事実認定

　　処分証書について，当該書証を排斥するに足りる特段の事情を判決書の理
由中に示すことなく，記載内容と抵触する事実を認定することは許されない。

【判例⑭⓪】書証の記載及びその体裁から，特段の事情のない限り，その記載どおり
　　　の事実を認めるべきである場合に，何ら首肯するに足る理由を示すことな
　　　くその書証を排斥するのは，理由不備の違法を免れない。（最1小判昭
　　　32・10・31民集11巻10号1779頁，判タ76号31頁）

2　証拠を排除する理由

裁判所は，証人の証言又は書証等を排斥するときは，排斥する理由を記載する必要はない。

【判例⑭】裁判所は，証拠を排斥する理由を一々判示する必要はない。（最3小判昭32・6・11民集11巻6号1030頁，判タ72号61頁）

証言の一部を排斥する場合も，判決に明示する必要はない。

【判例⑭】諸般の証拠を総合してある事実を認定するにあたり，その用に供せられた証人の供述中に認定事実に反する趣旨の部分が存在する場合でも，その部分を証拠として採用しなかった旨判文上明示する必要はなく，その供述内容と判文の認定事実を対照して，どの部分を採用し，どの部分を排斥したものであるかが了知できれば足りる。（最2小判昭37・3・23民集16巻3号594頁）

3　事実を認定することができる場合（手引78頁）

要証事実について，事実を認定できるときは，事実認定の基礎となった証拠又は弁論の全趣旨を挙げて説示する。

(1)　証拠と認定事実の順序

ア　通常の場合

「（証拠）によれば……の事実が認められる。」

イ　認定事実が簡単な場合

「……の事実は，（証拠）により認められる。」

(2)　説示の方法

ア　直接認定型

前記（第3の3(3)ア，200頁）のとおり，直接証拠により主要事実を認定できる場合である。

「証人Aの証言により真正に成立したものと認められる甲第1号証及び証人Bの証言によれば，請求原因1項記載の売買契約が締結されたことが認められる。」

「証人Aの証言及びこれにより真正に成立したものと認められる甲第1号証によれば，……」

イ　間接推認型

前記（第3の3(3)イ，200頁）のとおり，間接事実から主要事実を推認できる場合である。

(ア)　間接証拠によって認定した間接事実から主要事実を推認する場合

「証人Bの証言によれば，被告は令和○年○月○日ころ事業資金に窮し

て，Bに融資を申し込んだが，Bはそれを断り，その際被告に対しその
所有する本件土地を売却してその代金を上記の資金に充てるよう勧めた
ことが認められ，証人Cの証言によれば，Cはそのころ被告から本件土
地の買主を探してほしいとの依頼を受け，かねて適当な土地があったら
買ってもよいと言っていたAを被告に紹介したことが認められ，……こ
れらの事実を総合すれば，Aと被告との間に本件土地の売買契約が締結
されたことを推認することができる。」

(イ)　反証としての間接事実が反証として十分でない場合

「証人Dの証言によれば，……の事実が認められるが，この事実は，上
記推認を妨げるものではない。」

4　事実を認定することができない場合（手引82頁）

要証事実について，事実を認定することができないときは，その事件の全証
拠によっても事実を認定することができないことを明確に判示する。

(1)　証拠不十分型

主要事実又はそれを推認させる間接事実を認定するに足りる証拠がない場
合である。

「請求原因事実は，これを認めるに足りる証拠がない。」

「請求原因事実は，本件全証拠によってもこれを認めるに足りない。」

(2)　推認不十分型

間接事実は認定できるが，それから主要事実を推認することができない場
合である。

「（証拠）によれば，……の事実が認められるけれども，上記認定の事実に
よっては被告主張の事実を推認するに足りず，他に被告主張の事実を認める
に足りる証拠はない。」

(3)　間接反証の成功

「証人Aの証言によれば，aの事実を認めることができる。しかし，他方，
証人Bの証言によればbの事実も認めることができ，このbの事実に照らし
て考えると，前記aの事実から原告主張のcの事実を推認することはでき
ず，他にcの事実を認めるに足りる証拠はない。」

間接反証の不成功の場合については，前記第3の3(3)ウ(イ)（201頁）。

5　理由不備と理由齟齬

(1)　理由不備と理由齟齬

判決書の理由の記載が不十分であったり，矛盾している場合には，理由不
備，理由齟齬の違法となる。

(2)　上告理由としての理由不備

　　上告理由としての**理由不備**とは，主文を導き出すための理由の全部又は一部が欠けていることをいう。

【判例⑭】抗弁をいれながら，これに対する再抗弁事実を摘示せずその判断を遺脱した原判決の違法は，民訴法312条2項6号の上告理由としての理由不備に当たらない。上告理由としての理由不備とは，主文を導き出すための理由の全部又は一部が欠けていることをいう。しかし，右判断の遺脱によって，原判決には判決に影響を及ぼすことが明らかな法令の違反（民訴法325条2項参照）がある。（最3小判平11・6・29裁判集民193号411頁，判時1684号59頁，判タ1009号93頁）

6　法律の適用（手引85頁）

　　実務では，法律の適用については明示的に適用法条を挙げないことが多い。これは，判文を読めば，どの法律を適用したかを容易に知り得るからである。もっとも，特別法が問題になっているような場合には，その法条を示したほうが妥当であることもあろう。

7　訴訟費用の負担の裁判及び仮執行の宣言についての理由（手引86頁）

(1)　訴訟費用の負担

　ア　全部認容の場合

　　「訴訟費用の負担につき民訴法61条を，仮執行の宣言につき同法259条1項を，それぞれ適用して，……」

　イ　一部認容の場合

　　「訴訟費用の負担につき民訴法61条，64条を，仮執行の宣言につき同法259条1項を，それぞれ適用して，……」

(2)　仮執行宣言（前記第8章第4の3(1)イ，165頁）

　　「仮執行宣言の申立てについては，その必要がないものと認めこれを却下する。」

　　「仮執行宣言については，相当でないからこれを付さないこととする。」

(3)　仮執行免脱宣言

　　「仮執行免脱宣言については，相当でないからこれを付さないこととする。」

8　結論（手引87頁）

　　「よって，本訴請求は理由があるからこれを認容し（又は「理由がないからこれを棄却し」），訴訟費用の負担につき民訴法61条を適用して，主文のとおり判決する。」

　　最近では，訴訟費用の負担や仮執行宣言については，民訴法の条文を挙げな

いことが多い。

第 5　更正決定

判決に計算違い，誤記その他これらに類する明白な誤りがあるときは，裁判所は，申立てにより又は職権で，いつでも更正決定をすることができる。

(法257条 1 項)

更正決定に対しては，即時抗告をすることができる。ただし，判決に対し適法な控訴があったときは，この限りでない。　　　　　　　(同条 2 項)

1　更正決定の意義

更正決定とは，判決書に計算違い，誤記その他これらに類する表現上の明白な誤りがある場合に，その訂正補完をする決定である。

2　表示の誤りと更正決定

当事者が最初から氏名や目的物件の表示を誤ったために，裁判所が判決の表示を誤った場合は，法257条の本来の趣旨からいえば，更正決定はできない。

しかし，表示の誤りであることが記録上明らかであるときは，更正決定を認める取扱いをすることがある。

【判例⑭】原告が明渡を求める目的物件の表示を誤って申し立てたため，裁判所が判決において目的物件の表示を誤った場合において，右目的物件がもともと同一であることが記録上明らかであるときは，民訴法257条（旧194条）を準用して，判決の更正をすることができると解するのが相当である。(最 2 小判昭43・ 2 ・23民集22巻 2 号296頁，判時514号52頁，判タ219号86頁)

3　更正決定の方式

更正決定は，判決書の原本及び正本に付記しなければならない。ただし，裁判所は，相当と認めるときは，判決書の原本及び正本への付記に代えて，決定書を作成し，その正本を当事者に送達することができる。　　(規則160条 1 項)

更正決定をする場合，更正決定書の作成，送達の方法がとられるのが一般的である。

事 項 索 引

条 文 索 引

判 例 索 引

著者略歴　　三好一幸
み　よし　かず　ゆき

　昭和29年4月30日生，東京都立大学法学部卒業，平成12年8月東京簡易裁判所判事，14年4月広島簡易裁判所判事，17年3月さいたま簡易裁判所判事，20年4月甲府簡易裁判所判事，23年3月東京簡易裁判所判事，26年3月伊那・岡谷簡易裁判所判事，29年3月東京簡易裁判所判事，令和2年3月秩父簡易裁判所判事，令和5年3月東京簡易裁判所判事，現在に至る。

著書　　「略式手続の理論と実務」【第二版】平成29年，司法協会
　　　　「民事保全の理論と実務」　　　　　平成30年，司法協会
　　　　「刑事公判の理論と実務」【第二版】令和元年，司法協会
　　　　「令状審査の理論と実務」【第二版】令和2年，司法協会
　　　　「少額訴訟の理論と実務」　　　　　令和3年，司法協会
　　　　「民事調停の理論と実務」【第二版】令和4年，司法協会
　　　　「民事訴訟の理論と実務」【第二版】令和5年，司法協会

民事訴訟の理論と実務【第二版】

2023年5月　第1刷発行

　著　　者　　三　好　一　幸
　発　行　人　　松　本　英　司
　発　行　所　　一般財団法人　司　法　協　会
　　　　　　　〒104-0045　東京都中央区築地1-4-5
　　　　　　　第37興和ビル7階
　　　　　　　出版事業部
　　　　　　　電話 (03)5148-6529
　　　　　　　FAX (03)5148-6531
　　　　　　　http://www.jaj.or.jp

落丁・乱丁はお取り替えいたします。印刷製本／星野精版印刷(株)(145)
ISBN978-4-906929-97-9　C3032　￥3200E